마음을 움직이는

인터뷰 특강

마음을 움직이는

인터뷰 특강

지승호 지음

오픈하우스

언론 현장에서 일하다 보면 종종 인터뷰가 가장 쉽다고 말하는 기자들과 마주칠 때가 있다. 처음엔 놀라웠지만 이젠 놀랍지도 않다. 그들은 무례한 인터뷰와 날카로운 인터뷰를 구분하지 못한다. 그들은 강력한 질문이 답을 바꾸고 나아가 세상을 바꾼다는 사실도 알지 못한다. 그들은 그저 물음표만 남발하고 있을 뿐이다. 인터뷰에 대한 세상의 무지 탓에 전문 인터뷰어 지승호가 상처받는 걸 보면서 안타까웠다. 세상은 결과에만 집중할 뿐 과정을 보려 하지 않고 답만 구할 뿐 질문에 주목하지 않는다. 이 책은 겸손하게 질문만 해왔던 지승호가 마침내 세상에 내놓은 당당한 대답이자, 인터뷰어로서 지승호가 쌓아온 내공을 느낄 수 있는 인터뷰 철학서다. 지승호는 물음표 과잉의 시대에 진정한 질문을 던질 줄 아는 보기 드문 인터뷰어다. 책을 덮자 물음표는 느낌표로 바뀌었다.

신기주 (《에스콰이어》 기자, 인터뷰집 「생각의 모험」 저자)

지승호와의 인터뷰는 온전히 서로만 바라보며 사랑할 수 있는 진귀한 경험이었다. 열병처럼 들떠 밤낮으로 만났고 나를 닮은 책이 나왔다. 그를 통해 더 많은 시대의 연애서가 세상에 뿌려지길 바란다.

이상호 (MBC 기자)

인터뷰는 대화의 예술이다. 인터뷰는 청취가 아니고 연설은 더더욱 아니다. 대부분 기자들은 (남의 생각만 받아 적는) '받아쓰기 기자'가 되거나 (제 생각만 강변하는) '편파보도 기자'가 된다. 대화의 힘은 교감에 있고, 좋은 인터뷰는 그 교감의 촉수를 민감하게 벼려야 가능한 일이다. 누가 그것의 예술적 희귀성을 알아보고 지금껏 한길을 걸어왔는가. 오직 지승호다.

안수찬 (《한겨레21》 편집장)

인간에 대한 깊은 애정과 통찰, 어떤 낯선 방향으로도 편견 없이 열려 있는 마음이 만들어낸 지승호의 세계로 인도될 때 인터뷰이는 자신의 모습을 새롭게 깨닫게 되고 독자들은 비로소 사람을 만나게 된다. 지승호는 척박한 토양에서 인터뷰를 하나의 장르로 키워낸 개척자일 뿐 아니라 문답의 영역을 넘은 어떤 것으로 재탄생시킨 창조자다.

박순찬 (《경향신문》 만평 '장도리' 화백)

차례

프롤로그

저는 현재 시점에서 한국에서 인터뷰집을 가장 많이 낸 전업 인터뷰어입니다. 인터뷰집을 단행본만 45권을 냈으니 적지 않은 숫자입니다. 해보신 분은 아시겠지만, 인터뷰는 즐거운 일이면서도 정신적, 육체적으로 상당히 힘이 드는 일입니다. 인터뷰어로서의 저를 규정하는 말들은 여러 가지가 있었지만, 곰곰이 생각해 보니 '비정규직 독립 인터뷰 노동자'가 저를 가장 정확하게 규정하는 말이더군요. 단 하나 내세울 수 있는 것이 지난 십 몇 년간 가장 꾸준했던 인터뷰 노동자였다는 것이고요.

이 책은 '인터뷰 잘해서 성공하자', '이렇게 하면 인터뷰를 잘할 수 있다' 이런 종류의 책은 아닙니다. 저 역시 스스로를 인터뷰에 아주 능하거나 성공한 사람이라 생각하지 않고, 300~400명쯤을 인터뷰한 지금도 "당신의 인터뷰 기술이 무엇이냐?"라고 물으면 선뜻 대답하기 어렵기 때문입니다. 그래서 궁색하게 내놓는 대답이 "인터뷰는 기술이 아니라 태도라고 생각합니다. 아이들이 좀 어눌해 보이더라도 이야기를 잘 들어주는 친구에게 자신의 고민을 털어놓는 것과 같은 거죠"라고 말하는 정도입니다. 이렇게 인터뷰론 또는 인터뷰에 관한 에세이를 쓰고 있지만, 15년 동안 인터뷰해온 일에 대해 설명하며 나름대로의 의미를 부여하다 보면 어쩔 수 없이 자화자찬처럼 들릴 수도 있겠다는 생각에 조금 걱정도 됩니다.

어쩌면 인터뷰의 기술을 익히고자 이 책을 펴 든 분들은 실망하실 수도 있습니다. 저는 아직 인터뷰라는 일에 자신감을 갖지 못하고 있습니다. 하면 할수록 어렵다는 생각도 들고요. 모든 일이 다 그렇겠지만, 결국 완성이란 있을 수 없고, 그렇게 되기 위해 한 발 한 발 나아가는 과정일 뿐이겠지요. 저는 아직도 인터뷰를 하러 갈 때면 너무나 긴장됩니다. 이 책은 15년 동안 인터뷰를 하며 느낀 기쁨과 좌절을 디딤돌 삼아 더 좋은 인터뷰를 하고 싶다는 바람을 담아 엮었습니다. 그간 평탄치 못한 길을 걸어온 소 같은 남자의 우직함과 시행착오, 좌절, 약간의 성취를 이룬 과정이 어쩌면 조그마한 감동을 줄 수 있을지도 모르겠습니다. 그리고 저 역시 이 책을 통해 조금 더 나은 인터뷰어가 될지도 모르겠습니다. 반대로 '역시 이 일은 내게 벅찬 일이었어' 하고 다른 일을 찾아보게 될 수도 있겠죠.

이 책에는 저를 칭찬해줬던 인터뷰이들의 이야기를 많이 인용했습니다. 스스로 제 작업을 설명하기보다 인터뷰를 통해 저를 겪었던 다른 사람의 입을 빌릴 때 더 구체적이고, 입체적인 설명이 가능할 것 같아서였습니다. 또한 다른 인터뷰어들의 말이나 기록, 책에 나오는 명구들을 많이 인용해서 논지를 전개했습니다. 직업병일 수도 있지만, 그보다 더 정확한 표현이 불가능하다고 느꼈기 때문입니다. 그 부분은 19세기 영국의 정치가이자 작가인 벤저민 디즈레일리의 "현자의 지혜와 노인의 경험은 인용을 통해 영원을 얻는다"라는 명구로 답을 대신할까 합니다.

소설가 공지영은 "안다는 것과 깨달음의 차이는 그것이 아픔을 동반하느냐 안 하느냐의 차이다. 만일 당신이 어떤 사실을 아는 데 있어서 아픔을 느낀다면 그건 당신이 깨달은 것이다"라고 했습니다. 그리고 산도르 마라이는 소설 『열정』에서 이렇게 묻습니다. "중요한 문제들은 결국 언제나 전 생애로 대답한다네. 그동안에 무슨 말을 하고 어떤 원칙이나 말을 내세워 변명하고, 이런 것들이 과연 중요할까? 결국 모든 것의 끝에 가면 세상이 끈질기게 던지는 질문에 전생애로 대답하는 법이네. 너는 누구냐? 너는 진정으로 무엇을 원했느냐? 너는 진정으로 무엇을 할 수 있었느냐?" 저는 인터뷰를 통해 무엇을 깨달았고, 또 어떤 대답을 내놓을 수 있을까요?

● **소심했던 아이, 그리고 여전히 소심한 어른**

저를 처음 본 사람들은 '어떻게 저런 성격으로 인터뷰를 하지?' 하고 의아해합니다. 말이 없는 정도가 아니라 누가 제게 말을 시킬까 봐 전전긍긍하는 모습 때문이죠. 학창 시절에는 저와 같은 반인지도 몰랐던 친구가 절반은 될 정도로 말수가 없고 존재감이 없었습니다. 친구에게 싫은 소리를 들으면 한 달쯤 끙끙 앓은 후 물어보곤 했습니다. "그때 나한테 그 말 왜 했어?" "언제?" "한 달 전쯤, 기억 안 나?" "당연히 기억 안 나지." 이런 식이지요. 지금은 오해를 풀기 위해서라도 농담을 던지듯 묻는 편입니다. "나한테 왜 그랬어요?"

남들이 하는 말에 상처를 잘 받는 만큼 말로 상처를 주지 않으려고 노력합니다. 그런데 때때로 상처를 감추지 못하고, 꾹꾹 눌러 담아온 것이 폭발해 상대방을 거칠게 공격한 적도 있었습니다. 그런 경우에도 마음이 아파 혼자 끙끙 앓는 편이고요.

저는 인터뷰어로 불리는 사람입니다. 저를 본 적 없는 사람들은 '말 잘하고 사교성이 있겠지'라고 생각하지만 사실 전혀 그렇지 않습니다. 학교에서 자기소개라도 할라치면 저는 슬그머니 나가서 그 시간이 끝날 때까지 혼자 있곤 했습니다. 그럴 때마다 비참한 기분이 들곤 했죠. '왜 나는 남들 앞에서 몇 마디의 말을 하지 못해서 이렇게 춥고(여름에는 더운) 어두운 공간에서 하염없이 기다리고 있어야 하나' 생각하면서요.

불특정 다수와의 대화는 저에게 늘 고문과도 같았습니다. 군 제대 후 석재회사에 들어갔을 때 일입니다. 공사 현장에서 시공을 할 때는 오히려 마음이 편했는데, 영업을 하러 다른 회사에 카탈로그를 들고 돌아다닐 땐 사무실 주변을 몇 바퀴를 돌고도 들어갈 용기를 못 내 문 앞에서 눈물을 흘렸던 기억이 아직도 나네요. 지금이요? 예전보다는 많이 뻔뻔해졌다는 생각이 들 때도 있지만, 여전히 식당에서 음식을 주문할 때조차 긴장하는 편입니다. 그러니 강연 요청을 받으면 경기를 일으킬 수밖에요.

그런데 인터뷰를 오래 하다 보니 그런 요청을 많이 받고, 사람들을 만나야 할 일은 더 늘어납니다. 그러니 점점 더 주눅이 들어 행동할 수밖에 없고요. '쟤는 도대체 왜 저래?' 싶을 정도로 어리바리한 행동을 하다 더 주눅이 들어 손과 발이 같이 나가는 이상한 행동을 하게 되는 경우도 생깁니다. 이런 성격을 지닌 사람이 인터뷰를 15년을 해왔으니 깊은 내상이 생겼고, 지금은 이미 치료할 시기를 놓쳤을지도 모르겠다는 생각이 듭니다.

제 인터뷰 기록을 높이 평가해주는 어떤 후배가 강연 하나 하라며 무작정 일정을 통보한 적이 있습니다. '일을 벌여 놓으면 할 테지'라는 생각이었겠지요. 이미 홍보물 인쇄까지 들어가서 취소할 수 없다는 후배의 말에 저는 '안 하는 게 아니라 못하는 것'이라고 말할 수밖에 없었습니다. 예비 언론인 스무 명을 대상으로 한 30분짜리 인터뷰 강연 요청도 거절해야 했습니다. 30분이 아니라 단 3분조차도 많은 사람들의 시선을 견디기 힘들었기 때문입니다.

이런 일들을 겪으면서 심한 자괴감에 빠졌습니다. 내가 인터뷰에 대해 할 말이 없는 건 아닌데, 술자리에선 열두 시간이라도 떠들 수 있는데, 그저 그간의 경험에 대해 뭔가 듣고 싶다는 사람들에게 그 정도 시간의 이야기조차 들려줄 수 없다니…….

단순히 무대 공포증으로만 설명할 수 없는 상황인 것 같습니다. 시선에 관한 문제일까요, 아니면 관계 설정에 대한 문제일까요? 남들의 시선 앞에만 서면 머릿속이 새하얘지는 것은 언제 어디서부터 시작되었을까? 곰곰이 생각해봤습니다. 이제 와서 누굴 탓하자는 것이 아니라 문제가 뭔지는 알아야 하니까요. 설령 해결하지 못하더라도 말입니다. 아마 어린 시절 아버지와의 대화에서부터 생긴 트라우마가 아닐까 하는 생각이 들었습니다. 어린 시절에는 아버지의 그 말이 제일 무서웠습니다. "얘기 좀 하자." 어떤 이야기를 해도 아버지로부터 불호령이 떨어진 탓에 저는 점점 말이 없는 소년이 되어 갔고, 그래서 누군가에게 말을 하기가 어려운 사람이 되었던 것 같습니다.

사람들은 "그런 놈이 인터뷰는 어떻게 하냐? 강연 같은 거 하기 싫으니까 거짓말하는 게 아니냐?"라고 말하기도 하는데요. 인터뷰는 다릅니다. 인터뷰는 관계 설정이 명확해서 내 역할과 상대방의 역할이 정확하게 정해져 있는 것이니까요. 물론 그럼에도 여전히 인터뷰를 하러 갈 때마다 긴장을 합니다. 수백 개의 질문을 준비해놓고도 도대체 무슨 말부터 시작해야 할지 몰라서 머뭇거리곤 하지요.

철학자 강신주는 "저자는 선생님이다. 선생님은 자신의 지식을 적극적으로 사람들에게 전해야 할 의무가 있다"고 말합니다. 저의 인터뷰 경험도 저에게만 체화된 지식이라고 생각하면, 그것을 누군가에게 전해야 한다는 의무감이 들어 늘 마음이 무거웠습니다. 때문에

이 책은 그동안의 강연 요청에 대한 응답이라 할 수 있습니다. 아직은 선수로서 어떤 론(論)을 내놓을 내공은 부족한 저이니, 조금 성급한 대답이 아닌가 싶기도 합니다. 그저 15년 인터뷰 인생의 중간 결산 정도로 보아주신다면 좋겠습니다. 경험이 더 쌓이면 언젠가는 정말 '론'에 가까운 이야기를 할 수 있는 날도 오겠지요.

경제학자 우석훈은 저와 함께 엮은 인터뷰집 『우석훈, 이제 무엇으로 희망을 말할 것인가』 에필로그를 통해 이렇게 말했습니다.

"나도 얼굴을 많이 타는 편이라서, 일부러 말을 해야 한다고 결심하기 전에는, 특히 우리말로 말을 해야 할 때에는 조심스럽고, 문제가 될 말을 하기보다는 입을 다무는 편이다. 그런 나보다 지승호는 더 과묵한 편이다. 그런데 어떻게 인터뷰를 진행할 수 있을까? 딱 해야 할 말만 하는 부산 출신의 과묵하고 수줍고, 어느 정도의 생활수준이 되는 사람이 겉치레라도 몸에 붙여 놓은 에티켓 같은 위선과는 조금은 거리가 먼 지승호는, 필요하지 않은 말은 하지 않는 편이지만, 그래서 딱 필요한 질문만 하는 그런 인간처럼 보였다. 대화에 '미니멀리즘'이라는 표현이 가능하다면, 부산식 미니멀리즘이라고 하면 그게 딱 지승호이다."

만화가 이우일은 인터뷰하러 왔다는 사람이 자신과 눈도 잘 못 마주치자 지승호를 사칭하고 온 것은 아닐까 확인할 정도였고요. 이런 사람이 어떻게 인터뷰어가 될 수 있었을까요?

저는 아마추어 칼럼니스트였습니다. 한국 사회에서 일어나는 거의 모든 사건에 관한 글을 치열하게 썼던 시절도 있었습니다. 컴퓨터 앞에 앉아서 글을 써왔던 사람이죠. 제가 썼던 여러 가지 글 중에 폭력에 관한 주제는 빠지지 않았습니다. 저는 폭력을 혐오하는 사람입니다. 아니, 두려워한다는 말이 더 정확하겠네요. 학교, 가정 등 우리 사회 곳곳에 만연한 폭력성에 길들여져 있기도 했습니다. 때문에 폭력에 관련된 글을 쓰는 것은 상당히 고통스러운 일이었습니다. 하지만 그렇다고 해서 글을 쓰지 않을 수는 없었습니다. 피하는 것이 더 비겁한 일이기 때문이었죠. 끊임없이 자기반성과 성찰을 하면서, 폭력에 대해 고민하고, 문제를 제기하는 것이 제 몫이라는 생각이 들었습니다.

학교 폭력에 관한 글도 제가 쓰던 글의 주된 소재 중 하나였습니다. '10대도 사람이다'라는 제목으로 《인터넷 한겨레》 하니리포터에 칼럼을 연재하던 중, 그 글을 본 어떤 분이 저에게 제보 메일을 보냈습니다. 한 여중생이 친구들 몇 명에게 폭행을 당한 후 희귀한 병으로 사경을 헤매다가 숨진 사건을 취재해달라는 부탁이었습니다. 그때까지 취재란 걸 한 번도 해보지 않았기 때문에 거절하고 싶은 마음이 컸지만 그러기가 힘들었습니다. 결국 장례식장을 찾아갔고 사건을 외면할 수 없어서 근 한 달간 그 사건에만 매달렸습니다.

한국 사회의 모든 모순은 교육에 집약되어 나타난다는 말이 있습니다. 그중에서도 학교 폭력은 학교에서 일어날 수 있는 모든 모순이 집약된 문제라고 볼 수 있으니까요. 물신주의, 보신주의, 비양심,

역지사지하지 않는 마음……. 그런 사회 전반의 모순을 들여다볼 수 있는 학교 폭력에 관한 문제였고, 처음 하는 취재라 의욕이 앞서기도 했습니다. 절친한 후배 이기태가 사진을 찍고 저는 기사를 썼습니다. 단 둘이 피해자 가족부터 학교, 경찰, 병원의 입장 등을 훑어가며 취재를 하려니 취재력이나 기동력, 경비 등 모든 게 부족했습니다. 그저 앞으로 이런 일이 다시는 일어나선 안 된다는 마음 하나로 달라붙은 것이지요(나중에 현재 《베이비뉴스》 편집국장으로 있는 소장섭 기자가 합류해 더 많은 기사를 썼습니다).

좌충우돌이었습니다. 가해자 부모에게 공개적으로 메일을 보내기도 했고, 사건 담당 형사에게 특집 기사 때문에 항의 전화를 많이 받았다는 원망 섞인 말을 듣기도 했습니다. 하지만 보름 동안 매일 기사를 쓴 결과, 학부모들의 마음이 조금씩 움직이기 시작했습니다. 담당 형사도 우리 아이들한테 이런 일이 생기지 말아야 한다는 말을 해줬습니다. 처음 경찰서로 취재를 갔을 때는 정말 주눅 들어 있었는데, 그 말을 듣고 큰 용기를 얻었죠. 몇 개월 동안 그 사건에 대해 방영한 시사 프로그램이 예닐곱 개였을 정도이니, 저희 기사가 커다란 반향을 불러일으켰다고 볼 수 있을 것 같습니다.

첫 취재를 하며 많은 것을 깨달았습니다. 책이나 자료, 기사를 보고 글을 쓰는 것과 취재와 인터뷰를 통해 사안을 파악하는 것은 엄청난 차이가 있다는 사실이지요. 그때부터 인터뷰라는 장르에 매력을 느끼기 시작했던 것 같습니다.

그렇다고 바로 인터뷰어가 되기로 결심을 했던 것은 아닙니다. 2000년 당시 하니리포터로 활동하던 이민 기자로부터 밴드 비트겐슈타인으로 컴백하는 신해철 씨 인터뷰에 동행하자는 제안을 받아 함께 인터뷰를 진행하면서 '내가 좋아하는 사람들을 만나 이야기를 할 수도 있다'는 인터뷰의 또 다른 매력을 느꼈습니다.

2001년 여성 주간 신문 《우먼타임즈》에 취직이 되어 학교 폭력에 관한 연중 캠페인 기사를 쓰면서 N세대라고 불리는 청소년들을 인터뷰하기도 하고, 여성 문제에 대해 해박하며 여성 친화적인 남성 문화인이나 지식인들을 인터뷰해서 지면 한 면을 채우는 기사를 기획하기도 했습니다. 이후 《우먼타임즈》를 그만두고, 2002년 대선 정국에서 민주당 국민경선 특별취재단을 맡아 노무현 바람이 불고 꺼져가는 과정, 대통령이 되는 과정을 지켜보면서 다양한 정치인들과 지식인, 문화인들을 만나 인터뷰했습니다. 그러면서 저는 자연스럽게 인터뷰어가 되고, 인터뷰의 매력에 점점 더 빠져들었습니다.

PART **1**

인터뷰란 무엇인가

▶

저는 인터뷰 전문 작가라는 낯선 칭호로 불리는 사람입니다.
한국에서는 아직까지 다소 생소한 직업이죠. 사실 모든 기자들이
인터뷰어 역할도 하는 만큼 인터뷰 전업 기자로 불러주거나 인터뷰를
전문으로 하는 사람 정도로 해석해달라고 부탁하고 있습니다. 15년
가까이 인터뷰를 하다 보니 인터뷰론 같은 것을 써보라는 제안을
여러 곳에서 받았지만 애써 고사해왔습니다. 제가 인터뷰를 잘하는
사람인지 확신이 서지 않았고, 글쓰기 방법론처럼 인터뷰를 잘하는
방법이 있는지 확신이 서지 않았기 때문입니다.
윌리엄 서머싯 몸은 "소설을 쓰는 데는 세 가지 법칙이 있는데,
안타깝게도 그게 뭔지 아무도 모른다"고 했습니다. 인터뷰도 그런 것
같습니다. 인터뷰를 잘하는 데는 세 가지 법칙이 있는데, 안타깝게도
아는 사람이 제가 아니거나 그게 뭔지 아는 사람은 아무도 없는 거죠.
그래서 '인터뷰의 노하우'라는 말이 '사랑의 노하우'라는 말만큼이나
공허하게 들릴까봐 조심스럽습니다. 아름다운 사랑을 하기 위해서는
기술보다는 태도가 더 중요하다고 믿습니다. 아직 인터뷰라는 장르가
자리 잡지 못한 만큼 많은 분들이 인터뷰에 관심을 가져주시길
바라는 마음으로 조심스레 이야기를 시작합니다.

인터뷰는 팩트(Fact)를 스토리(Story)로 만드는 과정입니다. 글을 쓰기 위해서는 일단 팩트를 수집해야겠지요. 『말 한마디로 특종 잡는 인터뷰의 모든 것』의 저자이자 전《중앙일보》기자인 이만훈은 "인터뷰는 글쓰기의 재료를 마련하는 일이다. 글을 쓰려면 취재를 해야 하고 취재에는 반드시 '물어보는 행위', 즉 인터뷰가 필수적이다. 그렇다면 '글쓰기=취재, 취재=인터뷰, 인터뷰=사람'이라는 등식이 도출된다. 훌륭한 글이 있다면 제대로 사람을 찾아 훌륭하게 인터뷰한 훌륭한 취재가 있었다는 이야기다. 인터뷰는 글쓰기의 알파요, 오메가인 것이다"라고 말합니다. 전《동아일보》논설주간 황호택은 "인터뷰이와 인터뷰어의 조화로운 관계 맺기는 성공적인 인터뷰를 위해 필수적"이라고 말하면서 이렇게 덧붙입니다. "기자는 왕부터 범죄자까지 모든 사람을 인터뷰할 수 있다. 심리학을 공부해두면 인터뷰에 도움이 된다. 테크닉보다 성실성이 중요하다. 판단하기 위해서가 아니라 이해하고 듣기 위해서 왔다는 자세로 접근하면 인터뷰이들은 편안함을 느끼고 솔직해질 것이다."

그러니까 이야기를 듣고 기록하기 위해서 사용하는 수단이 인터뷰입니다. 말 한마디 안 하고도 상대방의 이야기를 끌어낼 수 있으면 가장 좋겠죠. 하지만 그건 불가능합니다. 상대가 말을 잘하면 도중에 끊지 않고, 대화가 막힐 경우엔 세심하게 이야기를 끌어내는 것이 중요하겠지요. 결국 인터뷰는 인터뷰어가 돋보이기 위해서 하는 것도, 인터뷰이를 돋보이게 하고자 하는 것도 아닙니다.

어떤 이들은 인터뷰 자체를 폄하하기도 합니다. 결국 변명하기 위한 것이 아니냐, 인터뷰이를 홍보하기 위한 것이 아니냐, 짜고 치는 고스톱 같은 것이 아니냐는 거죠. 물론 일정 부분 그런 요소들이 있을 수 있습니다. 《씨네21》 기자 김혜리는 『그녀에게 말하다』에서 이렇게 말합니다.

"아무리 애써도 인터뷰에는 가짜 같은 면이 있습니다. 하지만 우리 모두 그렇지 않나요? 타인을 향한 우리의 말과 행동은 모두 어느 정도 프레젠테이션이고 퍼포먼스입니다. 인터뷰의 기본적 한계에 대한 실망보다 제겐, 인터뷰라는 기적에 대한 경이감이 항상 더 큽니다. 처음 만난, 기껏해야 서너 번 만난 낯선 사람이 가까운 지인에게도 말하지 않은 진심을 달라고, 진실을 달라고 요구하다니 얼마나 터무니없는 일입니까?"

이렇듯 인터뷰는 터무니없다고 느낄 만한 일이기도 하지만, 가까운 지인에게도 말하지 않은 진심을 털어놓게 되는 기적 같은 일이기도 합니다. 어째서 이런 일이 일어나는 걸까요? 로버트 치알디니, 노아 골드스타인, 스티브 마틴이 쓴 『설득의 심리학 3』에서 그 단서를 찾을 수 있습니다. 행동과학자 벤저민 샤이베헨네와 주타 마타, 피터 토드는 참가자들에게 118가지 항목을 1(전혀 좋아하지 않는다)부터 4(매우 좋아한다)로 나눠 평가하게 하고, 다시 같은 참가자를 대상으로 오랫동안 알고 지내온 사람들이 이 118가지 항목을 어떻게 평가할지 예측하도록 했습니다. 그 결과는 놀라웠는데, 2년 정도 알고 지낸 사람의 선호도를 정확히 예측한 경우는 42퍼센트였지만 10년가량 오래 알고 지낸 사람들은 36퍼센트만이 선호도를 정확히 예측했습니다. 오랫동안 알고 지낸 사람들의 선호도를 정확히 예측하지 못한 이유는 다음과 같았습니다.

"서로에 대해 알고 싶은 동기부여가 꽤 높은 관계 초창기에는 서로에 대한 상당한 지식 탐구와 학습이 진행된다는 점이다. 시간이 지날수록 이런 관심은 조금씩 낮아지고, 그 결과 새로운 정보 교환도 점차 드물어진다. 환경과 상황이 달라졌다는 사실을 미처 눈치채지 못한 상태로 관계가 이어질 수 있다. 오랫동안 알고 지낸 사람들의 선호도를 더 예측하기 힘든 또 다른 이유는 저마다 지내온 긴 세월만큼 상대를 잘 안다고 여기기 때문이다. 그 결과 이들은 실제로 알고 있는 것보다 서로를 더 잘 안다고 생각하기에 태도와 선호도에 변화가 생긴 것을 알아차리지 못한다. 그 변화가 천천히 또 미묘하게 진행되는 경우라면 더욱 그러하다."

잘 안다고 믿는 것 자체가 관계에 있어서 독이 되는 경우가 많은 듯합니다. 수십 년을 함께 살던 부부가 황혼 이혼을 하면서 배우자가 그런 생각을 하고 있는지 미처 몰랐다고 말합니다. 상대방이 현재 품고 있는 생각이나 꿈에 대해 관심이 없는 경우도 허다하고요. 실험 결과처럼 그 변화가 천천히, 미묘하게 진행이 되면 더욱 알아채기 어렵겠지요. 더군다나 상대에 대한 관심이 줄어든 상태라면 더욱더 그럴 테고요. 그러니 짧은 시간이나마 집중적으로 자신에 대해서 공부하고 온 사람에게 내밀한 속마음을 털어놓는 것은 어쩌면 당연한 일인지도 모르겠습니다. 그래서 인터뷰어에게 가장 중요한 덕목 중 하나는 '호기심'입니다. 어느 평론가가 제가 쓴 책을 제자들에게 권해준다고 해서 궁금한 나머지 여쭤본 적이 있습니다. "선생님, 제 책을 왜 권하시는 건가요?" 그리고 이런 답을 들었습니다. "너는 정말 궁금해하더라."

인터뷰는 묻고, 답하고, 기록하는 행위입니다. 이 중에서 무엇 하나 빠뜨릴 수 없을 만큼 모두 중요합니다. 그런데 묻질 않으니 답하지 않고, 기록되어 있지 않으니 마땅히 전해져야 할 말들이 전해지지 못하고 있습니다. 질문을 하지 않으니 문제가 뭔지 모르고, 당연히 답도 찾지 못하는 것일 테고요. 마치 인문학 열풍처럼 이 모두가 단지 도구로 전락한 듯합니다. 질문을 잘해서 성공하자, 성공한 이들은 위대한 기록자였다 같은 구호들만 난무합니다. 여러 책에서 '질문하는 힘'을 강조하는 것은 사람들이 질문을 하지 않기 때문에 역설적으로 나타나는 현상일 겁니다. 자신의 생각이 틀리진 않았는지 스스로에게 되묻지도 않습니다. 우리는 댓글과 SNS 등을 통해 자기 확신에 차서 상대방을 비난하는 글을 매일 접하고 있습니다. 내가 틀렸을 수도 있다는 생각을 한 번만 해본다면 내 생각만 옳다고 주장하며 상대를 공격하는 글을 쓰는 일은 줄어들 텐데 말이죠. 하다못해 아이들과 대화할 때도 "넌 뭘 원하니? 꿈이 뭐야?"라고 묻질 않죠. 잘못을 한 아이에게 "왜 그랬니?"라고 묻지 않습니다. 묻고 나서는 그 아이가 마음을 열고 대답할 때까지 인내심을 가지고 기다리는 시간이 필요할 텐데, 그 시간을 좀처럼 기다리지 못합니다. 그리고 이내 단정 지어버립니다. "넌 꿈이 없구나.", "넌 정말 나쁜 아이야." 상대방의 말을 듣지 않고, 자기 말만 하는 것은 대화가 아닙니다. 과거 권위적이던 아버지의 "우리 얘기 좀 하자"라는 말이 대화가 아닌 일방적인 훈계와 호통으로 끝났던 것처럼 말이죠.

이탈리아의 인터뷰 전문 저널리스트 오리아나 팔라치는 『역사와의 인터뷰』(Interview with History) 서문에서 이렇게 말합니다.

"아! 만일 어떤 사람이 잔 다르크가 화형을 당하기 전에 심문 과정에서 선언했던 것을 받아쓰기라도 했더라면 얼마나 좋을까? 아, 만일 어떤 사람이 무비 카메라를 들이대고 크롬웰과 나폴레옹에게 질문이라도 했더라면 얼마나 좋을까! 구두로 전달된 뉴스나 시간이 지나서 작성되어 검증할 수 없는 그런 보고서들을 난 신뢰하지 않는다. 어제의 역사는 검증할 수 없는 사건들과, 논쟁할 수 없는 판단들로 가득 찬 일종의 소설이다. 그러나 오늘의 역사는 그렇지 않다. 오늘의 역사는 사건이 발생하는 바로 그 순간이 기록되기 때문이다. (…) 이러한 이유 때문에 나는 저널리즘을 좋아한다. 또한 이런 이유 때문에 저널리즘을 두려워하기도 한다. 어떤 다른 직업이 당신에게 사건이 발생하는 바로 그 순간에 역사를 기록하도록 허용하며 직접적 증인이 되도록 허용하겠는가? 저널리즘은 특별하고도 가공할 만한 특권이다."

그렇습니다. 오늘의 역사는 사건이 발생하는 바로 그 순간 기록됩니다. 하지만 대부분의 기록은 가공할 특권을 가진 사람들에 의해 왜곡되는 것 역시 현실입니다.

르포 작가 김순천은 「인터뷰, 그것은 영적인 작업」이라는 글을 통해 "인터뷰는 르포의 기초 자료인 동시에 그 자체로도 훌륭한 글이자 르포 문학이 될 수 있다. 님 웨일즈는 김산을 인터뷰하고 『아리랑』을 탄생시켰고, 피에르 부르디외의 『세계의 비참』은 수많은 사람들의 인터뷰로 만들어졌다. 요즘 사람들이 생생한 일상생활과 보도된 적이 없는 '신선한 생각'을 알고자 하는 욕구가 커지면서 현장 작업인 '인터뷰'에 대한 관심도 커지고 있다"라고 말하면서, 이렇게 덧붙입니다. "구술은 인터뷰의 중요한 한 부분이다. 다른 나라에서는 구술 자료를 매우 소중하게 여긴다. 미국 컬럼비아 대학에서는 부설로 구술사 연구소를 만들었다. 1년에 2500명 이상의 학자들이 구술 자료 수집을 수행하고 있으며 이 작업으로 1천 권 이상의 책과 수백 편의 논문을 써낸다."

조선시대에 이미 조선왕조실록을 간행했던 나라인 한국은 과연 기록에 얼마나 투자하고 있을까요? 인터뷰 기록은 1차 사료가 되어 우리 사회와 역사를 해석할 수 있는 단초가 될 수 있습니다. 저는 누군가 돌아가셨다는 소식을 들을 때마다 마음이 조급해집니다. 생존해 계신 위안부 피해자 할머니들, 제주 4.3 항쟁의 희생자 유족들, 언제 돌아가실지 모르는 원로 정치인들로부터 들어야 할 이야기들이 얼마나 더 많이 있을까요? 이것은 좌, 우, 진보, 보수에 국한된 이야기는 아닐 겁니다. "새는 좌우의 날개로 난다"라고 했던 故 리영희 선생의 말처럼 서로를 존중하고, 더 많은 이야기를 들어서 기록해두어야 하지 않을까요? "죽어가는 노인은 불타고 있는 도서관과 같다"라는 아프리카 속담이 있습니다. '불타고 있는 도서관'이 비단 노인의 기억과 지혜뿐이겠습니까? 수많은 사람들이 각자의 위치에서 경험한 암묵지(Tacit knowledge)가 불타기 전에 안전한 곳으로 옮겨 기록해두는 일은 사회 전체에 도움이 되는 일이 아닐까 합니다.

건축가 승효상은 미학자 진중권과의 대담에서 이렇게 말합니다.

"인류가 시작되고 집이 먼저 생겼지, 예술과 기술이 먼저 생긴 게 아니거든요. 건축은 예술과 기술이 없어도 존재한다는 이야기입니다. 건축 설계라는 것이 제가 사는 집을 설계하는 게 아니고 남의 집을 설계하는 것이니까, 남들이 어떻게 사는가를 공부하는 게 첫 번째죠. 그래서 문학이나 소설, 영화 같은 것에 관심이 많아야 합니다. 왜 사는지 알려면 철학을 공부해야 하고, 어떻게 살았는지를 알려면 역사를 공부해야 하니까요. 그런 것들이 건축의 기본적인 공부이고, 그걸 공부한 후에 예술적 기예나 기술적 고려들이 뒤따라야 하는 거죠."

인터뷰 역시 내 이야기를 하는 것이 아니라 남의 이야기를 전하는 거니까, 그들이 어떻게 사는가를 공부하는 것이 첫 번째입니다. 사람이 사는 것을 이해하려면 당연히 문학이나 영화 같은 것에 관심이 많아야 하고, 철학과 역사를 공부해야 할 것이고요. 그걸 공부한 후에야 다른 기술적 고려들이 뒤따라야 할 것입니다. 그리고 그 공부들을 자기 것, 자기 철학으로 만들어야겠지요. 미국 프로농구(NBA)에서 가장 성공한 감독인 필 잭슨은 "전략은 우승을 만들 수 있지만, 철학은 왕조를 구축한다"는 말을 한 바 있습니다.

영화감독 장 뤽 고다르는 영화를 만들고자 하는 사람들에게 "박물관에 가서 위대한 화가들이 자기를 사랑한 여자를 어떻게 그렸는지 보세요. 책을 읽어 작가들은 자신들이 사랑한 여자를 어떻게 묘사했는지 확인하시고요. 그런 다음 애인에 대한 영화를 만들어야 합니다"라고 했습니다. 영화를 잘 만들기 위해서는 사랑에 빠진 사람을 잘 관찰하고 자신이 사랑하는 사람에 대해 잘 관찰해야 한다는 뜻이겠지요. 인터뷰 역시 마찬가지입니다.

'이 사람에 대해 다 알고 있는 줄 알았는데 막상 내가 아는 게 별로 없구나' 하는 것을 깨닫게 되는 것이 인터뷰의 전 과정입니다. 자료를 보고, 만나서 인터뷰를 하고, 녹취를 풀고, 교정을 하는 내내 느끼게 될 겁니다. 우리는 가장 가까운 가족들을 잘 알고 있다고 생각하지만, 정작 무슨 생각을 하고 있는지, 무엇을 좋아하는지 잘 모르는 경우가 훨씬 더 많은 것처럼 말이지요.

●   **순간의 충만함을 즐겨라**

인터뷰이로부터 "저보다 저에 대해 더 잘 아시는 것 같아요"라는 말을 들을 때가 있습니다. 약간 과장해서 한 말이겠지만 인터뷰에는 분명 그런 요소가 있는 것 같습니다. 가령 영화감독이 본인이 연출한 영화를 처음부터 끝까지 다시 보고, 그와 관련된 글들을 찾아 꼼꼼히 읽어볼 시간이 있을까요? 하지만 인터뷰어는 그걸 단기간에 집중적으로 봄으로써 인터뷰이가 느끼지 못한 변화나 의식의 흐름을 파악할 수 있을지도 모르지요.

인터뷰어의 역할은 독립 다큐멘터리 영화감독과 비슷합니다. 인터뷰할 대상을 선정해서 섭외하고, 인터뷰이와 어떤 대화를 나눌지, 어떤 방식으로 접근할지, 인터뷰이의 생각에 인터뷰어가 어느 정도 개입할지, 예상과는 다른 일이 벌어졌을 때 어떤 방식으로 수습해

나갈지 등 여러 가지 상황에서 임기응변을 발휘할 수 있는 능력이 인터뷰어에게는 필요합니다. 그러기 위해서는 수많은 시행착오를 겪을 수밖에 없겠지요. 내 마음도 알아채기 힘든데, 다른 사람의 마음을 읽고 해석하기란 참 어려운 일입니다. 《딴지일보》 총수 김어준은 이렇게 말합니다.

"저는 인터뷰야말로 진짜 어려운 거라고 생각해요. 칼럼이나 기타 등등은 자기 생각대로 쓰면 끝나는 거잖아. 이건 살아 있는 생명체를 글로 그려내야 하는데, 똑같은 그림을 그려도 기술에 따라서 꽃의 느낌이 전달되기도 하고, 색깔만 덜렁 느껴지기도 하잖아요. (⋯) 자기 생각도 있어야 되고, 상대를 이해할 수 있어야 되고, 상대방으로 하여금 자기를 신뢰하게 만들기도 해야 되고, 그 사람의 이야기를 제3자에게 가장 온전하게 전달할 능력도 있어야 되고…….''

종종 "인터뷰를 하다 보면 인터뷰 작업이 수월해지지 않나요?"라는 질문을 받습니다. 저는 새로운 사랑을 시작할 때처럼 언제나 어렵다고 말합니다. 한 사람은 하나의 우주와 같다는 말이 있죠. 매번 새로운 사람을 만나야 하고, 사람마다 제각기 다른 개성과 성격을 지니고 있기에 쉽지만은 않습니다. 연기자가 몇 달 동안 어떤 배역에 심하게 몰입했을 때, 거기에서 빠져나오는 데는 시간이 걸릴 수밖에 없습니다. 한 권 분량의 책을 만들기 위한 인터뷰를 할 경우 몇 달에서 길게는 1~2년이라는 시간이 걸립니다. 그러면 그 기간 동안 인터뷰이에게 일정하게 몰입될 수밖에 없지요. 그렇기 때문에 인터뷰이와 어느 정도 거리를 두는 노력도 필요합니다. 관객이 울 때까지 배우가 감정선을 유지하는 것과 다르지 않습니다. 만약 배우가 먼저 울어버리면 관객은 '어, 뭐지?' 하고 당황할 테니 말입니다.

대체로 배우마다 특별히 잘하는 역할이 있듯이 인터뷰도 인터뷰어에게 잘 맞는 분야나 잘 통하는 인터뷰이가 있습니다. 그걸 잘 찾아내는 것도 중요하죠.

《GQ》편집장 이충걸은 좋은 인터뷰에 대해 이렇게 이야기를 합니다. "백만 개의 질문을 하고 A4 용지 백만 장의 답을 듣는다고 해도 그 사람을 알 수는 없어요. 단지 질문과 대답을 하는 그 순간에 어떤 충만함이 있다면 그걸로 족할 뿐이에요." 인터뷰어는 그 순간의 충만함을 즐길 수 있는 사람이어야 된다는 이야기이겠지요.

●   **인터뷰어도, 인터뷰이도 되어보기**

소설가 레이먼드 챈들러는 인터뷰에 대해 이렇게 말했습니다.

"나는 매스컴의 관심이 싫습니다. 지금까지 많은 인터뷰를 해왔지만 시간 낭비였다고 생각해요. 인터뷰에 내 이름을 달고 나인 척 나오는 남자는, 대개 내가 알지도 못하는 웬 비열한 놈이더군요."

제 인터뷰는 여기서 얼마나 비켜나 있는 걸까요? 그저 그 주위를 맴돌고 있는 것이겠죠. 많은 분들이 인터뷰를 하고 난 후에 이렇게 말합니다. "어, 이건 내가 아닌데요?" 기자가 일부러 왜곡하지 않아도 그런 일은 비일비재하게 일어납니다. 숱하게 인터뷰를 해왔던 기자들도 자신이 인터뷰이가 되고 나서야 그 간극을 느끼는 경우도 허다하지요.

소설가 백영옥은 자신의 인터뷰집 『다른 남자』 서문에 이렇게 썼습니다.

"한때, 나는 누군가를 인터뷰하는 사람이었다. 그러다가 소설가가 되었다. 2008년의 봄이 생각난다. 작가가 된 후, 내 생애 첫 인터뷰에서 내가 했던 말, 그 말들이 기사가 되어 나가는 걸 목격했던 날의 밤도 떠오른다. 그 밤, 나는 인터뷰하는 것과 인터뷰 당하는 것 사이에는 많은 것들의 간극이 존재한다는 걸 깨달았다. 인터뷰란 한 사람이 가진 해석의 지평이며, 편견의 저편일지 모르겠다고 생각했다. 한때 내가 신봉했던 언어가 완벽한 소통 수단이 아니란 걸 절감하기도 했다. 이쪽과 저쪽 모두를 체험한 후, 인터뷰란 무엇인가에 대해 생각했다. (…) 이 인터뷰는 누군가 나를 인터뷰할 때, 이렇게 해주었으면 하는 바람에서 시작된 것이었다. 그 사람의 책을 모두 읽고, 그 사람이 만든 영화를 샅샅이 보고, 그 사람의 그림을 찬찬히 보고 난 이후에, 비로소 조심스레 시작되는 질문들을 가지고 내가 조용히 테이블 앞에 앉을 수 있기를 바랐다. 나는 내가 조금씩 잃어버렸다고 생각했던 것, 즉 '귀 기울여 듣는 재능'을 회복하길 원했다. 듣는 능력을 상실한 공동체에겐 희망이 없다고도 생각했다. 이 글은 과거의 인터뷰하는 사람이었던 내가 쓰는 반성문이기도 하다."

페미니스트 저널 《이프》 전 편집위원 김신명숙도 "과거 기자로서 수많은 인터뷰를 했지만 직접 인터뷰를 당하고 나서야 인터뷰 기사라는 것이 그 대상과 얼마나 '따로 놀 수 있는 것'인가를 절감했다"고 이야기한 바 있습니다. 이렇듯 인터뷰를 많이 하는 사람들조차도 자신이 인터뷰를 당하고 나서야 인터뷰를 하는 것과 당하는 것 사이의 간극이 얼마나 큰지, 인터뷰 기사라는 것이 그 대상과 얼마나 따로 놀 수 있는 것인지 절감하는 경우가 많습니다.

글을 잘 쓰는 데 왕도가 없듯이 인터뷰 글 역시 마찬가지입니다. 인터뷰이에 대해 많이 생각하고, 인터뷰를 많이 해보고, 기록을 많이 남기는 수밖에 없습니다. 김혜리 기자는 인터뷰의 최고봉은 가족 인터뷰라고 합니다. 가까운 사람일수록 진심을 묻고 듣기가 어렵다는 뜻이겠지요. 프로파일러 권일용은 "내가 800명을 프로파일링 했는데 딱 한 명 분석이 안 되는 사람이 있어요. 그게 제 마누라예요"라고 말했습니다.

그래서 제가 권하는 인터뷰 방법 중 하나는 가족 간에 서로 인터뷰어와 인터뷰이가 돼서 질문과 대답을 주고받는 것입니다. 그렇게 해서 가족 신문을 만들어보는 것도 좋겠지요. 인터뷰어와 인터뷰이의 간극에 대해서 생각할 수 있을 뿐 아니라 가족 간의 이해의 폭이 넓어져 사이가 좋아지는 효과도 얻을 수 있을지 모릅니다.

일본에서 전문 인터뷰어로 유명한 아가와 사와코는 "맞선 혹은 미팅, 소개팅이야말로 절호의 인터뷰 훈련장이라고 할 수 있다"고 말합니다. 우리는 새로운 사람을 만날 때, 그 사람에게 관심이 갈 때 궁금한 것이 많이 생깁니다. 그때야말로 가장 흥미롭게 인터뷰어와 인터뷰이가 될 수 있는 기회가 아닐까 싶습니다. 아가와 사와코의 말처럼 사람들에게 똑같은 질문을 던져도 저마다 대답하는 방식이 다르고, 대답하는 태도 역시 천차만별입니다. 아가와 사와코는 이렇게 덧붙입니다. "그런 대화를 나누는 과정에서 그 사람의 됨됨이가 드러나 무척 흥미진진하다. 어떤 동작을 곁들이는지, 또 상대방은 나에게 어떤 질문을 하는지, 찬찬히 관찰하는 재미도 남다르다. 맘에 드는 사람과 이루어지지 않았다고 해서 괜히 시간만 버렸다고 실망할 필요가 없다. 그 경험들이 언젠가 도움이 될 날도 있다."

소설가 마크 트웨인은 "올바른 말과 거의 올바른 말의 차이는 번갯불과 반딧불의 차이만큼 크다"고 했습니다. '아 다르고, 어 다르다'는 말이 있지요. 조사 하나, 단어 하나 때문에 뜻이 정반대가 되기도 합니다. 자기 마음을 자기 글로 표현하는 것도 어려운데, 하물며 남의 생각과 말을 정확하게 글로 표현하는 것이 어떻게 쉬울 수 있을까요? 인터뷰 글로 인해 상처받는 사람은 내가 아니라 다른 사람이므로 인터뷰를 기록하는 사람의 태도는 보수적이어야 합니다. 상대를 몇 시간 만나고 돌아와서 '난 이 사람을 이런 사람이라고 판단해'라고 하기보다는 '제가 본 것은 이 정도까지입니다'라고 하는 겸손한 태도가 필요합니다.

故 신해철은 어느 잡지와의 인터뷰에서 "누구의 의도인지 모르겠지만, 인터뷰이를 비인격적으로 쥐어짜먹으려는 생각을 할 때, 내가 한 말 중에서 최고로 자극적인 말을 부풀려서 미디어의 이익에만 부합하게 쓸 때, 그때는 서글퍼요"라는 말을 남겼습니다.

그래서 그는 자신의 말을 왜곡하지 말라고 기자와 나란히 녹음기를 틀어 놓은 채 인터뷰에 응한 적도 있다고 합니다. 실제로 많은 인터뷰이들이 이런 불만을 토로합니다. 신해철 유고집 『마왕 신해철』에는 그런 사례들이 다수 나옵니다. 데뷔 초기 좋아하는 가수가 누구냐는 질문에 아시아, 에머슨 레이크 앤 파머(ELP), 핑크 플로이드 등의 이름을 댔는데 인터뷰 기사 제목이 '우리를 핑크 플로이드와 비교하지 말라'라고 나와서 곤혹스러웠던 기억, 당신의 인생에 대해서 어떻게 생각하느냐는 난해한 질문에 "뭐, 행복한 편이죠. 아티스트의 삶에서 다양한 경험을 직접 해볼 수 있다는 건 매우 축복인데, 잘살았다가 못살았다가 가정 기복도 심했고, 잘사는 놈, 못사는놈, 열심히 사는 놈, 게으른 놈, 막가는 놈 같은 다양한 친구들도 만났고, 불과 몇 개월이었지만 군대 생활도 했고, 또 불과 몇 개월이지만 감옥 경험도 창작엔 결국 도움이 되었던 것 같고, 학교에선 운 나쁘게 87학번이라 그냥 돌도 몇 번 던져 봤고, 그러다 딴따라라고 따가운 눈초리도 받고"라고 대답한 것이 '나는 민주 투사였다'라는 제목으로 기사가 나가서 분노했던 기억.

문제는 그 기사 제목을 뽑은 매체나 기자들이 악의적이지 않았다는 겁니다. 그럼에도 불구하고 독자 입장에서는 인터뷰이가 오만하거나 대단히 건방지다고 느낄 만한 기사가 되었던 겁니다. 소위 '띄워주려고' 단 제목이지만, 당사자들이 그 기사와 제목을 어떻게 느낄지는 생각하지 않았던 거죠.

《페이퍼》전 편집장인 작가 황경신은 인터뷰집 『나는 정말 그를 만난 것일까?』 머리말에 이렇게 썼습니다. "나는 언제나 나 자신이 무엇이든 그릴 수 있는 백지가 되기를 소망했다. 무늬와 색깔이 있는 종이 위에 그려진 그림은 그린 사람의 것이 아니다. 여기 당신의 그림을 그려서 보여주세요, 라고 말하고서 알록달록한 종이를 내놓을 수는 없다. 내가 중요하다고 생각하는 장면을 클로즈업하고 내가 원하는 부분에 대사를 집어넣고 못마땅한 부분을 가위로 싹둑 잘라버린다면, 사람들은 나의 시각으로만 그 사람을 볼 수 있을 것이다. 누군가의 시각으로 누군가를 본다는 것은 흥미롭다. 그러나 인터뷰란 영화와 달라서, 그것이 글로 표현되었을 때 누구도 그것을 픽션이라고 생각하지 않는다. 나의 시각이 곧 보편적인 시각처럼 되어버리는 것이다."

인터뷰어는 자신의 시각으로 접근하되 인터뷰이에 대한 편견을 갖지 않도록 노력해야 합니다. 황경신 작가의 말대로 인터뷰이에게 알록달록한 종이가 아니라 하얀 백지를 내밀어야 하지만, 그게 생각만큼 쉬운 일이 아닙니다. 자신의 목적 때문에 인터뷰이를 의도적으로 혹은 본의 아니게 기사 속에 구겨 넣는 경우가 비일비재합니다.

'아 다르고, 어 다른 것'이 인터뷰입니다. 그래서 인터뷰어에게는 끊임없이 인터뷰이의 입장에 서서 질문을 던지고, 곡해 없는 적확한 표현에 다가서는 겸손한 기록자의 태도가 필요합니다.

● **제로베이스에서 시작하기 – 딴지일보 총수 김어준**

'인터뷰란 무엇인가'에 대한 답을 찾고자, 제 인터뷰집 『마주치다 눈 뜨다』에 실린 《딴지일보》 김어준 총수의 인터뷰 일부를 다소 길게 싣습니다.

지승호(이하 지) – 실제로 인터뷰를 많이 하시고, 당하기도 하시는데요. 인터뷰를 할 때 어떤 점을 주의해야 한다고 생각하십니까?

김어준(이하 김) – 보통은 인터뷰를 하거나 당하기만 하는데, 저는 양쪽을 왔다갔다 많이 해봤어요. 그러면서 깨닫게 된 인터뷰어가 지켜야 할 몇 가지 코드가 있는데, 첫째로 가장 중요한 게 그 사람을 만나야지, 그 사람의 이미지를 만나면 안 된다는 거거든요. 인터뷰가 겉돌거나 수박 겉핥기 식으로 흐르는 경우, 그건 십중팔구 인터뷰어가 인터뷰이에 대해 가진 선입견에 너무 많은 영향을 받아 그 사람의 실체를 만나는 게 아니라 그 이미지만 만나기 때문이죠. 각종 매체들을 통해 받아들인 인터뷰이에 관한 이미지 편린들의 총합이 있겠죠. 그건 산술적 합입니다. 화학적 합이 아니라. 인터뷰어 자신이 이미 받아들인 그 사람에 대한 이미지들의 산술적 합을 가지고 보통 인터뷰를 해요. 그러다 보니까 자기가 이미 가지고 있던 산술적 합으로서의 이미지에 부합되는 얘기만 귀에 쏙쏙 들어오는 거죠. 나머지는 버려요. 그러다 보니, 그 사람을 만나는 게 아니라 이미 자기가 가지고 있던 이미지를 재확인하거나 그 이미지에 부합되는 그림만 그리다 오는 거죠. 인터뷰를 하는 이유가 그런 이미지를 거둬내고 실체를 만나는 것, 사실 여부를 캐서 본질인 실체를 만나는 거잖아요. 그런데 미리 가지고 있던 이미지에 스스로 매몰되어 결국은 기존 이미지를 강화하거나, 여러 가지 분절된 팩트들을 모아서 그 이미지에 부합되도록 재구성해서 실체와 상관없는 이미지 하나를 또 내미는 거죠. 이거 졸라게 쓸데없는 짓이죠. 연예인 인터뷰가 이런 경우가 많아요. 소위 빨아주기. 다른 건 다 필요 없고, 그 이미지에 부합되도록 재구성해서 인물 하나를 창조하는 겁니다. 그러니까, 인터뷰의 첫 번째 규칙이, 그 사람을 만나야지 그 사람의 이미지를 만나면 안 된다는 겁니다. 근데 단시간 내에 그 사람의 실체를 만난다는 게 참 어려워요. 그러려면 인터뷰어가 인터뷰이의 실체와 만날 준비가 되어 있어야 해요. 기본적으로 그 사람에 대해 공부가 미리 되어 있어야 되고, 자기 스스로가 편견과 고정관념으로부터 자유로워야 해요. 저 사람이 하는 말을 내 식으로 이해해서 그리고 그걸 되돌려서 그 사람의 의도라고 지레 단정해버리면 안 되거든요. 근데 이 사람이 한 말과 내가 가졌던 그 사람의 이미지가 합쳐져서 '저 사람이 그런 말을 했다'고 만들어 버리는 거예요. 그 사람의 말을 그 자체로 받아들이려면 인터뷰어가 굉장히 객관적이고 오픈되어 있어야 합니다. 근데 보통은 얘기하다가 그 사람의 앞뒤 문맥과 그 사람의 의도를 간파해 그 말을 파악하는 것이 아니고, 자기 귀에 쏙 들어오는 말로, 그리고 인터뷰를 구성할 섹시한 문구로 그 말을 받아들이죠. 그건 사실은 그 사람을 인터뷰하는 게 아니라 자기가 필요한 문장을 뽑는 거죠. 그런 경우가 많아요. 또 오픈되고 객관적인 상태가 못 되는 게 준비가 안 되어 있어 그런 경우도 많죠. 인터뷰어가 충분히 준비가 되어 있지 못하면 결국 자신이 가진 이미지하고 만나는 거예요. 실체가 아니라. 또 있어요. 이 두 가지 못지않게 중요한 게 인터뷰는 그 사람이 하는 말 속에서 꼬리에 꼬리를 물고 대화가 이어져야 되거든요. 그런데 대부분의 인터뷰어는 말은 시켜놓고, 상대방의 말을 안 들어요. 왜냐하면 다음 질문을 해야 되거든. 졸라게 다음 질문을 생각해. 그러면 사실 대화가 안 되는 거예요. 질문 하나 던져서 스피커 틀어 놓고, 자기는 졸라게 딴 일을 하는 거지. 말은 하는데 실제 커뮤니케이션은 안 되는 겁니다. 소통이 안 되는 거죠. 그런데 실제로 소통이 안 되는 인터뷰, 자기가 듣고 싶은 말만 발췌하는 인터뷰가 대부분이죠. 물론 시간의 제약이라든가 여러 한계가 있긴 하지만, 그런 인터뷰는 사실 그 사람을 만난 적도 없는 거예요. 자기가 미리 가지고 있던 이미지와 그에 부합되도록 뽑아낸 문구와 섹시하게 만들어지는 구색으로 새로운 인물을 하나 창조하는 거죠. 그 사람을 만난 게 아니라. 정도의 차이는 있지만, 인터뷰가 갖는 아주 근본적인 한계이기도 하죠. 아예 전부 다 풀(full)로 풀어버리는 인터뷰로 가거나 아니면 인터뷰이 멘트 거의 없이 완전히 자신이 이해한 대로 재창조하거나 해야 하는데……. 재창조하려면 그 사람을 입체적으로 해체해서 그 사람을 이해하기 위한 키포인트만 가지고 재구성해야 돼요. (…) 그렇게 하지 않고 그냥 흔히 하는 방식으로 인터뷰를 하자면 그런 한계가 드러날 수밖에 없다고 생각해요. 그 사람이 한 몇 마디를 앞뒤 자르고 쭉쭉 나열해버리면 전혀 딴 사람이 되어버리는 거죠. 그건 게으른 인터뷰고, 무책임한 인터뷰입니다. 그런데 실제 대부분의 인터뷰가 그렇죠.

지 – 본인의 인터뷰가 다른 인터뷰와 다른 점은 무엇이라고 보십니까?

김 – 아무래도 전부 다 풀어주니까. 무슨 얘기를 했든 간에 풀로 풀어주니까 인터뷰를 한 사람이 일단은 불만을 가질 수가 없어요. "앞뒤 문맥이 안 맞아? 왜 잘랐어? 왜 그렇게 했어?" 그럴 수가 없어요. 날것 그대로 왕창 다 풀어버리니까.

지 – 농담한 것까지 다 실으니까 부담스러웠다고 하는 분들도 있을 수 있고, 좀 다듬지 그랬느냐고 하는 분들도 계실 텐데요.

김 – 그럴 수도 있죠. 하지만 완벽한 인터뷰라는 건 있을 수 없다고 생각해요. 당사자가 자기에 대해서 자문자답하는 인터뷰를 해도 쉽지 않을 거라 생각해요. 한 사람의 전체 모양을 보여준다는 게 쉬울 수가 없죠. 그러니까 형식마다 장단을 가지고 있는데, 저는 지금 《딴지일보》가 하는 게 제일 좋은 방식이라고 생각해요. 전부 다 풀어버리는 거. 근데, 인터뷰한 후에 인터뷰이가 그 얘기만은 정말 꼭 빼달라고 하는 부분은 빼줘요. "절대 안 되겠다. 그 사람에 대한 멘트는 정말 빼달라"고 할 때 그 얘기가 인터뷰 전반에 미치는 영향이 크지 않으면 그런 부분은 아무리 섹시해도 통째로 들어내죠. 그 사람이 우리 매체와 인터뷰하는 것은 우리 매체를 이용해 독자를 만나려고 하는 것이지 우리 매체가 섹시한 문구로 장사해먹으라고 하는 건 아니거든요. 보통 상업 매체는 인터뷰이를 고려해주지 않죠. 지들 장사만 생각하지. 그렇지만 그 사람이 하지 않은 말을 집어넣거나, 우리가 임의로 빼거나 그런 건 없어요. 우선 날것 그대로를 다 풀고, 그 날재료를 보여준 다음에 '우리는 이 날것의 재료를 이렇게 이해하고, 이렇게 해석했다'고 토를 달아주는 건데, 그런데 코멘트를 다는 것을 싫어하는 사람도 있어요. '생각을 강요한다?' 이건 바보 같은 말이죠.(웃음) 재료를 다 보여주고 우리는 이렇게 생각한다고 우리 입장을 밝히는 건데⋯⋯.

지― 인터뷰어로서의 자질이 굉장히 뛰어난 것 같은데요. 본인 인터뷰의 장점은 무엇이라고 보세요? '회화를 한다고 가정할 때 김어준 총수는 기본적으로 외국인과 대화하는 것을 두려워하지 않는 사람이다. 그런 점에서 인터뷰어로서 탁월한 자질을 가지고 있다'는 얘기를 제가 가끔 하거든요. 전 준비가 되지 않으면 대화를 잘 못하는 스타일이라 일단 결격 사유가 있는 거고요.

김― 사실 스스로 느끼지 못한 부분인데, 듣고 보니 맞는 지적인 것 같아요. 제가 인터뷰할 때 사람을 무시한 적은 한 번도 없어요. 다 그만한 가치가 있다고 생각하니까. 그래서 그 사람을 무시해본

적은 한 번도 없습니다. 누구든지 간에. 그렇다고 그 사람을 어마어마한 사람이라고 생각해본 적도 한 번도 없어요. 거꾸로 제 자신을 대단하다고 생각한 적도 없고요. '지나 나나'라고 생각하려는 경향이 있죠. 그 사람도 대단하지 않고, 나도 대단하지 않고, 벗겨 놓으면 똑같다는 생각을 해요.(웃음) '역할이 다른 거지, 뭐.' 이렇게 생각하고 사람을 만나니까 거기서 오는 미리 쳐둔 바운더리 같은 게 없어요. 맞는 얘기 같습니다. 나쁜 인터뷰에서 뒤집어보면 되는 거죠. 좋은 인터뷰는 자기가 먼저 오픈 마인드여야 해요. 인터뷰하면서 제가 이미 가지고 있던 이미지와 실체가 완전히 똑같은 그런 사람은 한 사람도 없어요. 가만히 생각해보면 너무나 당연한 거야. '어떻게 그 짧은 정보의 편린들의 산술적 합으로 그 실체를 파악할 수 있겠나'를 생각해보면요. 그 이야기의 전후도 모르고, 그 사람을 연구한 것도 아니고, 그 사람의 이웃도 가족도 아니고, 그냥 그야말로 무심코 입력된 여러 가지 정보의 총합으로서 그 사람을 파악해 왔는데, 그 이미지와 그 사람의 실체가 맞는다면 그게 이상한 거죠. 우리나라 언론이 모두 합작하여 그 사람을 다면적으로 분석해서 대중에게 정확하게 종합적으로 딜리버리해 왔다면 그게 가능하겠지만, 그럴 리는 없을 거 아니에요. 그러니까 자기가 갖고 있는 이미지는 우선 버려야 해요. '이 사람은 어떤 사람일 것이다' 하는 것부터 버려야 되는데, 그게 쉽게 안 되고 그런 의식 자체가 없는 수가 많고, 근데 인터뷰를 할 때는 일단 그 이미지부터 버려야 돼. 제로베이스에서 출발해야 되거든요. 이 사람은 위대한 사상가일 수도 있고, 졸라 양아치일 수도 있다는 정도의 제로베이스에서 출발해야 되는데, 그러려면 기본적으로 내가 오픈되어 있어야 한다는 거죠. 상대를 위대하다고 생각하지도 말고 양아치라고 생각하지도 말고. 이 사람이 무슨 말을 하든 그 사람의 본 의도대로 그 말을 받아들일 수 있도록 내가 오픈되어 있어야 해요. 이 사람이 무슨 말을 할 때 '어떤 꼭지에 써먹어야지' 하고 그 말을 들으면 뭐든지 왜곡되게 되어 있어요. 날것으로 그 사람을 만나려면 오픈되어 있어야 해요. 그게 핵심이죠. 쉽게 말하면 허심탄회인데, 허심탄회도 인터뷰이가 솔직하기만 하다고 해결되는 건 아니거든요. 고스란히 날것대로 그 사람이 의도한 대로 전달되어야 되는데, 그런데 그걸 대중에 전달하기 전에 인터뷰어가 요리를 하니까, 그렇기 때문에 좋은 인터뷰에선 인터뷰이보다 인터뷰어가 더 중요하다고 생각해요. 인터뷰를 당하는 사람들은 비슷한 질문에서는 비슷하게 대답하는 거예요. 그걸 받아들여서 풀어내는 사람이 그 사람의 본의를 정확하게 캐치해내야 하는 거죠. 인터뷰이를 탓하는 사람이 많은데, 그건 아니라고 생각해요. 많은 경우에 인터뷰를 많이 한 인터뷰이는 어떤 인터뷰어를 만나도 유사한 답변을 할 공산이 커요. 일단 그 사람이 애초 의도한 본의대로 파악하고, 거기서 한 발 더 나가려면 인터뷰어가 스스로 열려 있느냐, 아니냐에 달려 있습니다. 그리고 인터뷰는 인터뷰이가 한 말을 통해 질문이 꼬리에 꼬리를 물어야 해요. 언제나. 그런데 상대의 답변에서 질문을 찾는 게 아니라 그냥 미리 준비한 질문만 뚝뚝 잘라서 던져 놓고는 그에 대한 답변을 또 뚝뚝 잘라서 나열만 하는 경우가 많아요. 질문을 준비해 갔으니까.(웃음) 그건 그 사람이 하고 싶은 말을 듣는 게 아니라, 내 질문을 나열하는 거죠. 이것도 나쁜 인터뷰죠. 인터뷰어가 착각하는 것 중 하나가 자기는 기자이고 그래서 임무를 수행하러 왔으니 인터뷰 당하는 사람을 자기 인터뷰의 소재로 이해해요.

그런데, 그 인터뷰를 당하는 사람은 그걸 통해서 누군가 만나고 싶은 사람이 있는 거거든요. 그 사람은 그 통로로 그 매체를 선택한 거고요. 물론 그 통로를 통과할 때 기자의 눈으로 걸러져 통과되죠. 그런데 대부분의 기자들은 기사를 올리면 끝난다고 생각한다고요. 인터뷰하고 기사를 실으면 자기 임무는 끝나는 거예요. 그 사람은 그냥 자기 기사 소재일 뿐이에요. 애초에 인터뷰이는 그 기자를 통해 누군가와 만나려는 통로로 선택을 한 건데, 자기는 거기서 끝내는 거죠. 그러니 인터뷰 소재가 될 말들만 귀에 들어오고, 보고 싶은 것만 보게 되죠.

●　　　**변명이 필요한 사람들에게 공적인 장을 마련해주는 일**
- 기자 허지웅

"인터뷰란 무엇일까. 인터뷰는 단순한 문답의 모음, 그 이상이라고 생각하는데?" 7년 전쯤 평론가 허지웅이 《GQ》에서 기자로 일할 때 던졌던 인터뷰 질문이 퍽 흥미롭습니다. 저는 이렇게 대답했습니다. 아니, 정확하게 말하자면 제 대답을 허지웅 기자가 이렇게 정리한 거죠.

　"인터뷰는 특정한 목적을 가지고 만나 진행하는 문답이라는 점에서 단순한 대화의 기록과는 명백하게 다르다. 동일한 목적, 사안을 가지고 쓰인 칼럼이나 원고와도 차별된다. 바로 거기서 인터뷰의 강점이 드러난다고 본다. 이를테면 양심적 병역 거부에 대한 논문을 쓰고 읽는 것보다, 오태양 인터뷰를 한 번 하고 읽는 게 더 낫다. 훨씬 소통의 폭이 넓고 대중적이다. 말은 글보다 강하고 효율적이다. 하물며 인터뷰는 사람이 뱉은 말을 글로 치환해 기록하는 일이다."

'인터뷰란 무엇일까'에 대한 답을 찾아가기 위해 그와의 인터뷰를 조금 더 인용합니다. 《필름 2.0》 인터뷰입니다.

허지웅(이하 허) – 인터뷰라는 작업 자체에 대해 가볍게 생각하는 사람도 많다.

지승호(이하 지) – 누군가 이번 열 번째 인터뷰집 『금지를 금지하라』와 그간의 작업을 극찬하는 기사를 썼는데, 첫 번째 댓글을 보니 "전문 인터뷰어? 얘는 그냥 남이 하는 말 그대로 옮겨 적어서 책으로 만드는 것뿐 아닌가?"라고 썼더라. 인터뷰가 얼마나 어려운지 알려면 자기가 당해보기도 많이 당해보고, 해보기도 많이 해봐야 한다. 최종적으로 인터뷰가 정리돼 나올 때 조사 하나 잘못 붙이면 이야기의 뉘앙스 자체가 달라지는 경우가 많지 않나. 어떤 사람을 만나 이야기를 듣고 그 사람이 "아, 이건 내가 한 말이다"라고 만족할 정도로 인터뷰 내용을 정리하는 일은 진정 어렵고 고된 일이다. 그런데 최근에는 내가 정말 여태껏 창조적인 면 없이 그저 남의 말을 기록하기만한 게 아닌가 싶은 생각이 자꾸만 든다. 워낙 주류 언론의 시선이 내작업에 대해 냉담하다 보니, 그렇게라도 생각하지 않으면 견디기 힘들다. 차라리 내가 부족하니까 더 열심히 노력해야 한다고 생각하는게 편하다.

허 – 일종의 피해 의식 같이 들린다.

지 - 피해 의식 많다. 운동선수를 보면 몸 전체의 밸런스가 좋다기보다 어느 특정 부위를 훈련으로 혹사시켜 일종의 기형이 된 사람들이 많다. 발레리나나 축구 선수의 발을 보면 누구나 감탄하고 박수를 보내지 않나. 하지만 내가 하는 작업 같은 경우는 아무리 진심을 갖고 노력해도 그게 뭐냐고 폄하해버리면 그만이다. 증명할 수 있는 게 없다. 가치 판단의 영역이니까.

허 - 그건 변명 아닌가. 그게 그렇게 중요한가?

지 - 변명은 굉장히 중요하다. 변명조차 못하는 사람들이 많은데, 그건 자신의 말과 행동에 대해 그만큼 고민이 없다는 의미다. 일단 변명을 시도한다는 건 자신의 의견을 논리적으로 뒷받침할 수 있는 근거가 있다는 거 아닌가. 변명을 하면서 나와 의견을 달리하는 사람들과 소통을 시작할 수 있는 거다. 그게 첫걸음이다.

허 - 이야기를 듣고 보니 당신이 하는 인터뷰 작업이 결국 '변명이 필요한 사람들에게 공적인 장을 마련해주는 일'이라는 생각이 든다.

지 - 그렇다. 어떤 사람에게 욕을 하더라도 최소한 무슨 생각을 하고 있는지는 알고 나서 평가를 하자는 거다. 주류 언론을 통해 노출되는 인터뷰 기사들은 대부분 매체의 정치적 지향점이나 목적을 위해 의도를 가지고 악의적으로 편집되는 경우가 많다. 한 사람이 백 마디를 하면 그중에 전체적인 맥락과는 전혀 관련이 없는 엉뚱한 한마디를 끄집어내 헤드라인으로 뽑는다. 그런 기사를 통해 어떻게 한인간을 평가할 수 있겠나. 내 인터뷰 작업은 있는 그대로 한 인간의 생각과 모습을 드러내 세상과 정당한 소통을 하는 데 그 가치를 두고 있다. 꼭 변명의 차원이 아니더라도, 언론이나 대중에 의해 정신적 상흔을 입은 사람들을 만나 '당신의 진심을 이해한다'며 그의 이야기를 들어주는 것만으로도 참 가치 있는 일이 아닌가 싶다.

●   **인터뷰 A to Z**

About — 무엇에 관해 이야기할 것인가? 이 물음이 가장 중요합니다.

Between — 사람 사이의 관계를 주목하세요. 어떤 이에게는 악인이 어떤 이에게는 천사일 수도 있습니다.

Character — 인터뷰 대상이 어떤 캐릭터인가를 분석하고 그에 맞는 인터뷰 전략을 수립해야 합니다.

Design — 인터뷰 또는 인터뷰집을 어떤 형식으로 디자인할 것인가? 인터뷰에 대한 전체 그림을 디자인한 후 인터뷰를 진행하세요.

Echo — 그 인터뷰의 반향에도 주목하세요. 결과가 좋든 나쁘든 그에 대한 책임을 지는 것까지 인터뷰어의 몫이라는 자세가 필요합니다.

Feedback — 인터뷰이의 피드백도 중요합니다. 그것을 통해 인터뷰어로서 부족한 점을 개선할 수 있습니다.

Give & Take — 그 사람이 꼭 당신과 인터뷰를 해야 할 이유는 없습니다. 당신이 그에게 줄 수 있는 것이 무엇인가를 생각해야 합니다.

Honesty — 정직이 최선의 방책입니다. 대개 인터뷰이는 산전수전 공중전까지 다 겪은 사람들인 만큼 어설픈 거짓말은 화를 부르기 십상입니다.

Interview — 말 그대로 내면을 들여다보는 것입니다. 겉으로 드러나지 않은 이면을 보려고 노력하세요.

Justice — 때로 정의감을 가져야 합니다. 기록자의 의무는 약자의 편에 서는 것이니까요.

Kind — 상대방을 배려하는 친절한 마음이 당신을 좋은 대화 상대로 기억하게 해줄 것입니다.

Love — 인터뷰 대상을 사랑하세요. 다만 맹목적인 사랑은 곤란합니다.

Memory — 인터뷰어에게 필요한 것은 기록하고 저장해두는 습관입니다.

Name — 이름을 부르는 행위, 그것은 관계의 시작입니다.

Ordinary — 상식은 식상이 아닙니다. 하늘 아래 새로운 뉴스와 기획은 없습니다. 그것을 얼마나 더 깊이 있게 파고들 수 있느냐가 중요하겠지요.

Person — 인터뷰는 결국 사람을 이해하기 위한 것입니다. 나아가 사람이 모여 만들어지는 사회를 이해하기 위한 노력입니다.

Question — 질문의 강력한 힘을 믿으세요.

Record — 기억은 완전치 않습니다. 가급적 인터뷰이의 동의를 얻어

녹음을 해두는 게 좋습니다.

Special — 인터뷰는 당신에게 특별한 경험을 선사할 것입니다. 우리 모두 누군가에게는 특별한 존재이니까요.

Teach — 대화를 할 때 가장 나쁜 태도는 가르치려는 듯한 태도입니다.

Us & Them — 동료 의식을 가져야 합니다. 우리와 저들을 가르는 태도는 좋은 기록자의 태도가 아닙니다.

Victory — 인터뷰어와 인터뷰이는 적이 아닙니다. 인터뷰는 함께 승리할 수 있는 롤플레잉 게임입니다.

Woman — 훌륭한 인터뷰어 중에는 여성이 많습니다. 여성성을 키우는 것은 좋은 인터뷰어가 되는 지름길입니다.

X — 때로는 '아니요'라고 단호하게 말할 수 있어야 합니다. 그렇지 않으면 인터뷰가 산으로 갈 수도 있으니까요.

Yesterday — 어제에서 오늘 그리고 내일을 예측하세요.

Zebra — 얼룩말처럼 때로는 위장할 필요도 있습니다.

PART 2

왜 인터뷰를 하는가

▶

인터뷰는 어떤 기능을 할까요?

우리는 왜 인터뷰를 하고, 다른 사람의 인터뷰를 읽는 것일까요?
영화 상영 후 GV(Guest Visit, 관객과의 대화)나 강연회에서 관객의
질문을 받을 때면 정말 궁금해서 묻는 것이 아니라 자기 의견을
말하고 싶어서 몇 분씩 이야기하는 사람들이 간혹 있습니다.
인터뷰어도 마찬가지입니다. 자칫 잘못하면 인터뷰이에게 "나 좀
봐 주세요"하는 듯한 질문을 하게 될 수도 있으니 긴장을 놓아서는
안 됩니다. 인터뷰는 평론을 하는 것이 아니라 독자에게 그 사람을
보여주는 것입니다. 독자는 인터뷰이를 보고 싶어 하는 것이지,
인터뷰어를 보고자 하는 것이 아닙니다.
이 장에서는 인터뷰의 효용과 인터뷰를 진행할 때 주의해야 할
점들을 살펴봅니다. 영화감독 알프레드 히치콕은 "극 영화에서는
감독이 신이지만, 다큐멘터리에서는 신이 감독이다"라는 말을
남겼습니다. 인터뷰라는 장르는 독립 다큐멘터리적 속성이
많습니다. 그러니 인터뷰어는 인터뷰의 속성을 제대로 아는 것
못지않게 여러 가지 돌발 상황에 대해 대처할 수 있는 순발력과
임기응변도 갖추어야 하겠지요.

미학자 진중권은 『진중권이 만난 예술가의 비밀』 서문에서 인터뷰에 대해 이렇게 말합니다.

"예술이 무엇인지 알기 위해서는 이론을 공부해야 한다. 실제로 그 안에는 예술에 관한 중요한 질문과 그에 대한 답변이 담겨 있기도 하다. 하지만 미학의 이론들은, 제아무리 동시대적이라 하더라도 예술사에서 이미 벌어진 사건들을 뒤늦게 철학의 레토르트로 증류해 얻어낸 것이다. 그것들은 본질적으로 과거에 속하는 죽은 지식일 뿐이다. (…) 예술을 살아 있는 상태로 접하는 방법 중의 하나는 지금 이 순간 예술의 각 분야에서 활동하는 가장 창의적인 사람들의 얘기를 직접 들어보는 것이리라. 미학적 사유는 대개 예술가의 진술, 예술가와의 인터뷰, 작품에 대한 비평에서 출발한다. 여기서 예술가의 진술이 예술가의 몫이고, 작품에 대한 비평이 평론가의 몫이라면, 미학자가 직접 생산해낼 수 있는 1차 자료는 사실상 작가 인터뷰뿐이다. 미학자에게도 예술가의 내면을 들여다보는 것은 새로 발견된 고분의 문을 따는 고고학자의 마음처럼 흥분되는 일이다."

예술을 살아 있는 상태로 접하는 중요한 방법 중 하나, 바로 인터뷰입니다. 이는 다른 분야에 있어서도 마찬가지일 겁니다.

고생물 학자이자 영국 개방 대학교(Open University) 교수인 킴 데니스 브라이언은 "다른 어떤 시대보다 오늘날 이 시대의 가장 감명 깊은 사건들은 인터뷰를 통해서 드러났다"고 말했습니다. 전 NBC 뉴스 사장 루벤 프랑크는 "인터뷰는 우리 방송 사업에 필수불가결한 기본적인 도구이다. 퀴즈쇼, 토크쇼, 뉴스쇼 등 인터뷰 없이는 제작 자체가 불가능하다. 인터뷰 없이는 우리가 존립조차 할 수 없다는 얘기다. 비중 있는 얘기든, 재미있는 얘기든, 인터뷰가 반드시 들어가야 한다"고 말합니다. 우리 방송 역시 마찬가지입니다. 연예인의 소식을 다루는 아침 방송 프로그램에서 인터뷰 없이 콘텐츠를 만들어내기란 불가능해 보입니다. 시사 라디오 프로그램 역시 10분 내외의 인터뷰를 프로그램마다 서너 꼭지씩 편성하고 있으며, 뉴스 프로그램인 JTBC 〈뉴스룸〉의 경우, 30분짜리 인터뷰를 지속적으로 방송하고 있습니다.

● **김혜리 기자가 인터뷰를 하는 이유**

김혜리 기자는 인터뷰집 『진심의 탐닉』에서 인터뷰를 하는 이유에 대해 이렇게 자문자답합니다.

Q.   좋은 인터뷰어의 자질을 갖지 못했다고 인정하면서도 인터뷰 연재를 계속한 이유가 있습니까?

A.   사람들은 저마다 발각되기를 기다리는 가벼운 비밀을 품고 있다고 생각합니다. 그것은 일상적으로 사회를 대면하는 공적인 얼굴과 무덤까지 안고 갈 내밀한 의식 사이에 있는 미묘한 중간지대입니다. 결코 스스로 나서서 헤쳐 열어 보이지는 않지만, 적당한 때와 장소에 적당한 손길이 매듭에 닿으면 스르륵 열리는 보따리를 상상하면 비슷할 것 같습니다. 독창적이고 흥미로운 인물일수록 이 중간

지대는 풍요롭게 우거져 있습니다. 인터뷰는 깊숙한 심리 상담도 엄정한 취조도 아닙니다. 바로 그렇기 때문에 상대를 '침범'하지 않은 채, 그를 이해하는 데에 요긴한 구역에 발을 들여놓을 수 있는 거의 유일한 길입니다.

인터뷰의 대가다운 탁월한 해석이 아닐 수 없습니다. 사람들은 저마다 발각되기를 바라는 '가벼운' 비밀을 품고 있고, 누구든 '임금님 귀는 당나귀 귀'라고 대나무 숲에서 외치고 싶은 욕망이 있습니다. 그래서 익명 게시판이나 SNS의 대나무숲 계정이 존재하겠지요. 그렇다고 해서 '무거운 비밀'을 캐내긴 쉽지 않습니다. 그 파장 때문에 함부로 말하기도 어려울 거고요. '일상적으로 사회를 대면하는 공적인 얼굴과 무덤까지 안고 갈 내밀한 의식 사이의 미묘한 중간지대'를 잘 파악해서 '스스로 나서서 헤쳐 열어 보이지는' 못할 이야기들을 '적당한 때와 장소'를 선정해 '적당한 손길'을 내밀어 '보따리를 스르륵' 열리게 만드는 역할이 인터뷰어의 역할이라는 이야기입니다.

　　여기서 '스르륵'이라는 단어는 정말 마법 같은 표현이네요. 인터뷰어는 인터뷰이의 마음을 열기 위해 강한 압박보다는 부드러운 태도를 취해야 한다는 뜻일 테지요. 이솝 우화에서 나그네의 외투를 벗기는 것이 거센 바람이 아니라 따뜻한 햇볕인 것처럼 말이죠. 그래서 김혜리 기자는 '인터뷰는 깊숙한 심리 상담이어서도 안 되고, 엄정한 취조여서도 안 된다'고 말합니다. 그 외줄타기를 통해 상대를 '침범'하지 않은 채 그를 이해하는 요긴한 구역에 발을 들여놓을 수 있는데, 인터뷰가 그런 거의 유일한 길이라는 겁니다. 그리고 다음과 같은 자문자답을 덧붙입니다.

Q.   인터뷰어의 동기를 말했는데, 독자들도 인터뷰를 원한다고 생각하나요?

A.   경험상, 인터뷰는 다른 포맷의 기사에 비해 독자들에게 적극적인 반응을 부르는 것 같습니다. 현대 독자들은 알려진 사람들과 가능하면 매개 없이 직접 연결돼 있다고 느끼고 싶어하는데, 인터뷰는 그 요구에 부합하는 형식이죠.

Q.   그럼 인터뷰이 쪽에서는 무엇을 얻나요?

A.   흔히 공격적인 인터뷰보다 호의적인 인터뷰가 당사자에게 만족스러울 거라 생각하지만 사실은 그리 단순하지 않습니다. 사람들은 인터뷰어와 친분을 쌓기 위해 만나는 것이 아니니까요. 저의 작은 규칙은, 그에 관해 전혀 몰랐던 독자도 인물의 실루엣을 더듬을 수 있게 하고, 그의 가장 열렬한 팬도 미처 몰랐던 면모를 하나쯤 발견하는 인터뷰가 되는 것이었습니다. 매번 미흡했습니다만.

그녀는 겸손하게 말했지만, 많은 사람들이 김혜리 기자의 노력 덕에 가장 열렬한 팬도 미처 몰랐던 면모를 발견할 수 있었습니다. 그것 역시 인터뷰를 통해서만 얻을 수 있는 기쁨일 겁니다.

●   **인터뷰에 답이 있다**

박원순 서울시장은 2008년 저와 함께 인터뷰집 『희망을 심다』를 엮었습니다. 박원순 시장은 인터뷰의 힘에 대해 이렇게 이야기합니다.

"현장에 가보면 문제의 본질도 답도 다 있습니다. 희망제작소를 처음 만들 때 매킨지의 디렉터에게 '우리 연구원들 교육 좀 시켜달라'고 부탁해서 교육을 받은 적이 있는데요. 저도 가서 하루 꼬박 교육을 받았습니다. 이 사람들이 자기들의 원칙을 이야기하는데요. 컨설턴트가 3개월 동안 자료조사를 해서 평생 그 사업에 종사했던 사람들에게 '당신은 그렇게 하면 안 돼. 이렇게 해야 돼'라고 조언을 주는 거잖아요. 우리가 생각하기에 평생 일한 사람한테 3개월 조사한 사람들이 어떻게 답을 줄 수 있을까, 그런 생각이 들잖아요. 그런데 답을 내준다는 겁니다. 답을 구하는 여러 방법 가운데 하나가 관계된 전문가들을 깊이 있게 인터뷰하는 것이라고 해요. 그래서 우리 연구원들에게 '한 분야에서 1등에서부터 5등까지 (물론 그게 등수가 딱 매겨질 수 있는지는 몰라도) 최고의 전문가들을 만나 심층 인터뷰를 해봐라. 인터뷰가 끝나면 당신이 일등이다. 당신이 최고의 전문가다'라고 얘기합니다. 이게 농담이 아닙니다. 1등은 절대 2등한테 안 물어보잖아요. 2등은 3등한테 안 물어봐요. 그러니 각자 자기 것만 알고 있는 거죠. 1등부터 5등까지, 모든 것을 듣고 나면 답이 딱 나오게 되어 있습니다."

간단히 말해 매킨지 같은 컨설팅 업체가 적절한 조언을 줄 수 있는 이유는 전문가들의 심층 인터뷰 덕분이며, 1등부터 5등까지 심층 인터뷰를 하면 모든 노하우를 익혀 1등이 될 수 있다는 겁니다. 약간 과장이 섞인 말일지 몰라도 어떤 사안에 대해 가장 빨리, 깊이 이해할 수 있는 방법 중 하나는 바로 인터뷰입니다.

천하의 도올 김용옥도 "배울 때는 사정없이 겸손해진다"고 합니다.《한겨레》故 구본준 기자는 『한국의 글쟁이들』에서 도올 김용옥 편에 이렇게 썼습니다.

"도올에겐 부족하기만 한 시간을 최대한 활용하는, 나름대로 터득한 요령이 있다. 그의 공부 요령, 독서 요령이기도 하다. 너무나 당연하지만 사람들이 실제로는 현실에서 잘 따르지 못하는 원칙, '전문가에게 배우기'다. 도올 특유의 강한 성격과 '잘난 척' 때문에 많은 사람들은 그가 남에게 쉽게 머리 숙이지 않을 것 같다고 여긴다. 그러나 실제 도올은 자기가 배우려는 분야의 전문가들에겐 '사정없이' 머리 숙이고 찾아가 배우는 스타일이다. 전문가에게 배워야만 확실한 지식이 되며 시간도 줄일 수 있기 때문이다. 공부와 독서의 요체는 바로 '사람과 사전을 잘 활용하는 것'이라는 게 도올의 지론이다."

도올은 구본준 기자와의 인터뷰에서 이렇게 말합니다.

"독서는 무지막지하게 해서는 안 돼. 그냥 책 있다고 읽어선 안 돼요. 반드시 사계의 정통한 사람에게서 배워야 해요. 옛날에 도사를 찾아가듯 일단 찾아가서 독서의 방향을 얻어야 해. 찾아가서 당신이 이해한 핵심이 무엇이냐고 말로 묻고 터득하는 게 중요합니다. 인간 대 인간으로 터득해야 관심이 생기는 거예요. 사람을 찾아 고개 숙이고 배울 생각은 안 하고 엉뚱하게 책 읽고…… 그럼 안 돼."

박원순 시장의 말과 일맥상통하는 이야기입니다. 자존심 때문에 묻지 못하는 사람은 고수가 아니며, 고수가 될 수도 없습니다.

야구 전문기자 박동희는 네이버에 칼럼을 연재하며 프로야구 구단 넥센 히어로즈가 감독을 선임하는 과정을 다룬 글을 쓴 적이 있습니다.

"롯데는 양승호 전 감독 선임 이후 '묻지마 선임'을 되풀이했다. 묻지마 선임의 주체는 구단 최고위층이었다. 그들의 개인적 선호도에 따라 감독이 결정됐다. 감독의 비전과 능력은 그다음이었다. 아니, 비전과 능력이 고려됐는지도 모르겠다. 그러나 넥센은 달랐다. 2012년 김시진 전 감독이 물러난 뒤 넥센은 메이저리그에서나 할 법한 감독 인터뷰를 진행했다. 감독 후보군을 구단 대표인 이장석 사장이 차례로 면담하고, 그들의 능력과 비전을 면밀히 따졌다. 그렇다고 이 사장 혼자 결정한 것도 아니었다. 구단 내 여러 사람의 의견을 취합한 뒤 이를 종합해 '누가 우리 팀의 현재와 미래에 가장 적합한 감독'인지 판단했다. 염경엽 감독은 이런 복잡한 과정을 통해 탄생한 사령탑이었다. 만약 개인적 호불호로 감독을 따졌다면 염 감독은 넥센 사령탑이 되지 않았을지 모른다. 이 사장은 애초 염 감독에 대해 큰 호감이 없었다. 하지만, '염경엽'이란 야구인에 대해 종합 평가절차를 거치는 동안 그의 능력과 비전을 높이 샀고, 그의 새로운 면모를 알게 됐다. 그리고 염 감독이 팀의 수장이 되자 무한 신뢰를 보냈다. 이 사장과 염 감독이 손을 맞잡은 2013년부터 2014년까지 넥센은 과거의 약체 이미지를 탈피하고, KBO리그의 신흥 강팀으로 부상했다."

비단 롯데 구단뿐만이 아니라 나머지 구단들도 감독을 선임할 때 인맥 등을 중시한 '묻지마 선임'을 하지 심층 인터뷰를 통해서 감독의 비전과 능력을 파악한 후 감독을 선임하지는 않는다고 알고 있습니다. 우리 사회의 모든 영역이 그렇지요. 정부 산하기관의 기관장이나 스포츠 단체의 단체장으로 낙하산 인사 내지는 정치적 맥락을 고려한 인사가 내정되었다는 뉴스를 심심찮게 듣곤 합니다. 심층 인터뷰를 통해 한 조직을 성장시킬 수 있는 비전과 능력이 있는지, 충분한 자격을 갖추었는지 검토하는 과정을 거친다면 조직의 안정뿐만 아니라 우수한 실적으로 이어질 수 있을 겁니다. 우리 사회는 왜 중요한 일을 하는 사람을 뽑으면서 대학교 입학 면접이나 기업 신입사원 면접만도 못한 검증 과정을 거칠까요?

●   **만화 『송곳』의 디테일**

최규석의 만화 『송곳』은 대한민국 노동 현장의 이야기를 실감나게 다뤄 화제가 되었습니다. 이런 세심한 디테일은 현장 취재와 인터뷰가 있었기에 가능했습니다. 《GQ》 2014년 12월호 '올해의 남자' 인터뷰 중 이런 대목이 나옵니다.

정우영(이하 정) — 디테일이 너무 뛰어나서 위장 취업이라도 해서 살면서 취재한 것 같다는 느낌도 받았어요. 어떻게 취재했나요?

최규석(이하 최) — 대부분 인터뷰죠. 계속 만나서 물어보고 자료 보고 당시 기사 찾아보고 논문 보고. 다 비슷하지 않나요? 기업 취재는 하지 못해서 잘 안 나오는 건데, 노동운동이나 노조 쪽 이야기는 인터뷰할 수 있는 사람이 많으니까요. 게다가 호의적이고요.

정 – 인터뷰만이라니 놀라운데요.

최 – 인터뷰를 하고 그 상황을 충분히 상상하죠. 제가 그리는 게 자연스러운 상황인지 물어보기도 하고요. 계속 가능한 상황이다 아니다 하는 얘기를 듣다 보면 어떤 세계가 잡혀서 작품이 진행될수록 더 디테일해지고요. 물론 일어날 수 없는 경우도 있어요. 그땐 제가 다시 물어봐요. "절대 안 됩니까?" 그러면 "굳이 일어난다면 일어날 수도 있는데……" 하죠.

많은 사람들이 예술 작품은 천재적인 영감이 머릿속에서 번뜩 하고 나와서 창조된다고 생각하는 경우가 많습니다. 물론 타고난 감성을 가진 작가들은 어떤 영감이나 계기, 작은 아이디어를 통해 작품을 구상하겠지만, 그것을 구현하기 위해서는 취재를 철저하게 해야합니다. 그것을 구체화하고, 디테일하게 만들고, 재구성하는 과정은 오롯이 창작자가 짊어져야 할 몫이죠. 끊임없이 '이게 가능한 것인가 아닌가'라는 질문을 던지고 답을 얻는 과정을 수없이 반복해야만 좋은 작품으로 이어질 겁니다.

● **인터뷰이를 주인공으로 다루는 종합예술**

인터뷰 신문 《피플코리아》 기자 김명수는 『인터뷰 잘 만드는 사람』에서 인터뷰를 이렇게 정의합니다.

"어떤 감독이 어떤 팀을 맡느냐에 따라 팀 컬러가 달라지듯이 인터뷰를 진행하는 기자의 내공과 능력에 따라 인터뷰 기사의 질 또한 달라진다. 철저한 사전 준비 없이 전문용어 하나도 이해 못하면서 질질 끌려가는 식으로 인터뷰를 진행하면 좋은 기사가 나올 리 없다. 노련하고 실력 있는 인터뷰 기자일수록 편안한 분위기로 긴장을 풀어주면서 인터뷰이의 감춰진 진면목을 100퍼센트 끌어내고 비전까지 제시한다. 영화배우를 시나리오 대본의 주인공으로 등장시켜 영상으로 펼쳐나가는 종합예술이 영화라면, 인터뷰는 정보의 원천에 다이렉트로 접근하여 인터뷰에 등장하는 인물을 주인공으로 다루는 종합예술이라고 생각한다."

메리앤 커린치, 제임스 파일이 쓴 『질문의 힘』에는 이런 구절이 나옵니다.

"심문은 과학이다. 거기에는 따르고 모방해야 할 특별한 과학적 기법이 있기 때문이다. 또 심문은 예술이기도 하다. 실질적인 의미에서 그것은 한 사람을 위한 연극이기 때문이다. 그리고 조직의 체계를 따른다는 점에서 본다면 심문은 하나의 규율이다."

두 이야기를 합해보면 인터뷰(혹은 질문)는 '인터뷰에 등장하는 인물을 주인공으로 다루는 종합예술'이자 '한 사람을 위한 연극'입니다. 인터뷰어는 감독 또는 스태프 입장이 되어서 주인공 배우이자 단 한 명의 관객인 인터뷰이를 만족시켜야 합니다. 그 배우가 뭘 잘할 수 있는지, 뭘 좋아하는지, 어느 각도에서 배우에게 조명을 비춰야 더 돋보일지, 또 그 관객 한 사람에게 어떻게 하면 흥미를 유발할 수 있는지, 어떻게 하면 만족한 얼굴로 돌아가게 할 것인지 등에 대한 깊은 고민을 해야 합니다. 무엇보다 배우이자 관객인 그 사람을 사랑하고 존중해야 좋은 결과를 얻을 수 있을 것입니다.

미술가이자 영화감독인 박찬경은 진중권 교수와의 대담에서 이런
말을 합니다.

"제가 '미친 사람들 중에는 왜 이렇게 북한 이야기를 하는 사람
이 많을까, 혹시 그걸 연구한 사람은 없을까' 해서, 논문을 뒤져본 적
이 있어요. 그런데 그런 연구는 거의 못 봤어요. 그게 저는 너무 이
상해요. 그러니까 한국에서 냉전이라는 것은 굉장히 특이한 현상이
자, 연구할 게 아직도 많이 남아 있는 주제인 것 같아요. 그리고 대
학 다닐 때 프락치 사건 같은 것도 많았잖아요. 저도 한 번은 감옥
에 잠깐 들어갔다 나왔는데, 주위에서 자꾸 저를 프락치로 몰더군
요. 그런 일을 겪으면서 이 사회에서는 '모든 사람이 모든 사람을 의
심하는구나' 생각하게 됐죠. 그게 제 화두입니다. 토마스 홉스는 '만
인의 만인에 대한 투쟁'이라고 했는데, 제가 보기엔 한국사회는 '만
인의 만인에 대한 의심'인 것 같아요. 그런 생각을 하면서 냉전에 관
련된 이미지들도 찾아보게 되었죠. 미국에서는 누아르 장르에 그런
영화들이 많더라고요. 어떻게 해서 사람이 사람을 극도로 의심하게
되는 상황이 오는 걸까."

인터뷰는 어떤 사람에게 그 사람의 세상에 대한 견해와 입장,
그리고 그 사람 자신이 어떤 사람인지, 다른 사람에 대한 생각은 어
떤지를 묻는 것입니다. 결국 사람 그 자체에 관심을 가질 수밖에 없

는 장르죠. 어떻게 보면 인터뷰는 사람에 대한 관심과 사랑이 없다면 무의미한 일이 될 수도 있습니다. 애정 없이 하기에는 너무 품이 많이 드는 일이지요. 영화 〈다이빙벨〉을 만든 이상호 기자는 세월호 사건을 "자본과 사람이 같이 배에 탔는데, 국가와 사회가 자본을 구한 사건"이라고 말합니다. 이제 우리는 서로에게 안부를 묻지 않습니다. 그리고 정치적 입장에 따라 '만인의 만인에 대한 의심'을 하는 사회가 되었습니다. 이 문제를 풀기 위해서라도 당신은 어떻게 생각하느냐고 물어야 합니다.

진중권의 지도교수였던 알브레히트 벨머는 아도르노의 말을 인용해 이렇게 말했습니다. "예전에는 생명이 없는 사물에까지도 영혼을 부여했는데, 요즘은 영혼을 가진 생명까지도 사물화한다." 생명까지도 사물화하는 세상에서 우리는 계속 질문해야 합니다.

●   **끊임없이 관찰하되 시점을 끊임없이 객관화하라**

"삶은 모순입니다. 15살, 25살, 40살의 나는 각각 다른 존재이지요. 그 삶을 자세히 보면 앞뒤가 맞지 않습니다. 인생을 격정적으로 돌파하는 사람은 1년 전의 자기 말을 부정합니다. 한 인간의 삶을 그릴 때는 모순되고 비약하는 포인트가 있습니다. 단절의 순간이지요. 그 순간을 짚어낼 수 있어야 합니다. 김시습은 평생 도에 대해 이야기했지만 20대, 30대, 40대에 이야기하는 것이 모두 다릅니다. 20대의 김시습과 40대의 김시습이 다르기 때문이지요."

소설가 김탁환의 말입니다. 우리는 흔히 어떤 사람을 함부로 단정 짓습니다. 그리고 예전에 그 사람이 어떤 사람이었다고 생각하면 그 생각을 좀처럼 바꾸지 않습니다. 하지만 사람은 달라질 수 있는 존재입니다. 사람들은 어떤 큰 사건을 계기로 완전히 다른 사람이 될 수도 있고, 어떤 사안을 대하는 입장이나 이해관계와 관련해서 변신하기도 합니다. 자신 자신을 돌이켜봐도 그럴 겁니다. 10년 전의 나와 20년 전의 나는 같으면서도 다른 사람이지요. 그러므로 다른 사람 역시 그런 존재라는 것을 염두에 두고 만나야겠지요. 인터뷰를 준비할 때도 과거의 기록을 참조하되 그 사람이 여전히 그런 사람일 것이라는 선입견을 가지고 만나서는 안 됩니다. 오히려 인터뷰를 하며 관찰해야 할 것은 그 사람의 변화에 일관성이 있었는가, 아니면 모순에 찼는가 하는 단초를 찾아내야 하는 것이겠지요.

지두 크리슈나무르티는 "평가가 들어가지 않은 관찰은 인간 지성의 최고 형태"라고 말합니다. 그 말처럼 우리는 상대방을 잘 관찰하되 함부로 단정 짓는 우를 범해서는 안 됩니다. 평가와 관찰을 잘 분리해서 섬세하게 관찰하되 도덕적 평가는 유보해야 합니다. 우리는 수많은 편견을 가지고 살아갑니다. 그 편견이라는 프레임으로 상대방(인터뷰이)을 보는 것을 경계해야 합니다.

작사가 김이나는 『김이나의 작사법』에서 작사를 하는 과정에 대해 이렇게 말합니다.

"내가 개인적으로 아는 그녀들의 모습에만 기반을 두고 캐릭터를 설정해서는 안 된다는 것이다. 가수들을 바라보는 대중의 입장이 되어 충분히 고민해본 후 디테일을 잡아야 한다. 작사가는 끊임없이 관찰해야 하지만, 그 관찰의 시점을 끊임없이 객관화하는 훈련도 필요하다."

황경신 작가 역시 인터뷰어가 가져야 할 태도로 "선입견을 갖지 않는 것. 그리고 인터뷰는 인터뷰이의 것이라는 생각. 인터뷰어가 어떤 생각을 갖고 있으면 딱 그만큼만 보여요. 가능하면 인터뷰이가 갖고 있는 걸 많이 살려야 해요"라고 말한 바 있습니다.

이렇듯 인터뷰어가 끊임없이 인터뷰이에 대한 자료를 찾아보고, 관찰을 하다 보면 좋은 의미에서든 나쁜 의미에서든 선입견을 갖게 되기가 쉽습니다. 그러므로 '인터뷰이를 끊임없이 관찰하되, 관찰의 시점을 끊임없이 객관화하는 훈련'은 작사가뿐만 아니라 인터뷰어에게 더 절실한 훈련인 것 같습니다. 한 사람에 대한 다양한 자료를 접하고 나서 선입견을 갖지 않는다는 건 쉽지 않은 일입니다. 하지만 역설적으로 그 사람에 대한 다양한 자료와 입장을 접하면 접할수록 그 사람을 객관화하기도 쉬울 것입니다.

● **'당신이 틀렸어'라고 말하고 싶은 유혹과의 싸움**

JTBC 보도본부 사장 손석희는 "토론 프로그램 진행은 '당신이 틀렸어'라고 말하고 싶은 유혹과의 싸움"이라고 했습니다. 인터뷰 역시 마찬가지입니다. '당신이 틀렸어'라고 소리치고 싶은 유혹을 뿌리쳐야 할 때가 많죠. 많은 지식인들이 인터뷰어로 나서지만 그 유혹을 이겨내지 못해 인터뷰에 실패하는 경우가 많은 것 같습니다.

커뮤니케이션 전문 교수 편석환은 『나는 오늘부터 말을 하지 않기로 했다』에서 이렇게 말합니다.

"항상 대화할 때는 왜 하는가를 생각해보아야 한다. 이기려고 대화하는 경우는 사실 별로 없다. 다툼이 일어나서 말싸움으로 번지는 경우가 있기는 하지만 대화의 목적은 이기는 것이 아니라 원하는 것을 얻는 데 있다. 결국 원하는 것을 얻는 사람이 이긴 것이다."

사실 이기려고 대화를 시작하는 경우는 거의 없습니다. 하지만 대화를 나누는 과정에서 이견이 생기면 그것이 말다툼으로 번지고, 그때부터는 이기기 위한 대화를 하게 되는 경우가 빈번합니다. 특히 스스로의 지적 능력을 과신할 때 그런 일이 많이 생깁니다. '설마 나는 그런 대화를 하지 않겠지'라고 방심해선 안 됩니다. 평소에는 얌전하던 사람이 운전대만 잡으면 거친 욕설을 하고, 추월을 당하면 그 차와 경쟁하느라 한 시간을 쫓아가거나 보복 운전을 일삼기도 하지요. 인터뷰어는 원하는 답을 얻어내고 듣는 사람이지, 대화에서 이기고자 하는 사람이 아니라는 것을 명심해야 합니다(여기서 원하는 답이란 인터뷰의 목적에 부합하는 내용을 끌어내야 한다는 뜻이지, 특정한 입장의 답변을 유도해야 한다는 뜻은 아닙니다).

●   **관계로의 초대**

"나는 여러분들이 질문한다는 것을 악수하는 것과 같다고 생각하기를 바란다. 질문하는 것은 관계로 초대하는 것이다. 어떤 이들은 질문을 공격적이고 주제넘게 끼어드는 행동이라고 생각하지만 나는 질문을 다른 사람과 유대를 맺고 그가 공유하고 싶어 하는 것을 나누는 과정이라고 바라보기 때문이다."

메리앤 커린치, 제임스 파일의 『질문의 힘』에는 질문은 악수와 같다는 말이 있습니다. 그런데 질문을 공격으로 생각하는 사람들이 많습니다. 마치 시험 전날 술을 마신 후 시험을 망친 이유를 미리 만들어두려는 자기 방어 심리와 비슷합니다. 내 질문에 문제가 있는 것이 아니라 상대가 대답을 안 한 것뿐이라는 알리바이가 필요한 것일 수도 있고요. 관계를 잘 맺기 위해서는 상대방을 진심으로 대해야 합니다. 뉴스타파 피디 최승호는 '진정성'을 강조합니다.

"진정성이 제일 중요해요, 진정성이. 그러니까 자기가 가지고 있는 문제점에 대해서, 예를 들어서 나쁜 짓을 한 사람에 대해서 보도하려고 하면 그 나쁜 사람이 자기가 갖고 있는 문제점을 보여주지 않으려고 노력을 할 거 아니에요. 그런 노력을 하려고 작정한 사람들은 어떻게 하기 어렵죠. 그렇지만 어쨌거나 그런 사람한테도 진정성을 가지고 일단은 얘기를 할 수 있도록 접근해보는 것이 필요하고요. 그렇게 되는 경우에는 그래도 다섯에 한 명 정도는 인터뷰에 응할 때도 있고, 그렇습니다. 그렇지 않은 사람들, 잘못을 좀 범하기는 했지만 그렇게까지 악한 스타일이 아니고, 이런 경우에는 진정성을 가지고 당신이 실수한 부분이 있지만 이런 부분들은 이런 부분대로 잘 보도하겠다고 진정성 있게 접근을 하면 그게 결국은 도움이 됩니다. 역시 제일 중요한 것은 뭐냐 하면 진실을 그대로 담는 거예요. 오버하지 말고. 진실을 그대로 담아서 비판의 대상조차도 자기가 비판당하는 것이, 저 정도 비판은 당할 만한 것 같다는 정도로 느끼게 해줘야 합니다. 그런데 오버를 해서 그 사람이 하지도 않은 일을 했다고 하면 소송에 맨날 걸리는 거죠."

이만훈 기자는 "인터뷰는 어찌 보면 바둑과 같다. 상대를 놓고 하는 두뇌 게임이라는 점에서 그렇다"고 합니다. 가로세로 열아홉

줄의 작은 바둑판에서 이루어지는 게임, 그동안 하늘의 별만큼 많았을 대국의 기보 중에는 똑같은 것이 하나도 없다고 합니다. 조그만 바둑판에서도 천변만화가 있는 것처럼 사람 간의 대화 역시 그렇습니다. 바둑에서 가장 좋은 수라는 것이 없고 그때그때 상황에 맞는 적절한 수가 있듯이 인터뷰에서도 가장 좋은 대응이란 있을 수 없고 그때그때 상황에 맞는 대응만 있을 뿐이겠지요.

● **우리가 계속 질문해야 하는 이유**

교황 요한 바오로 2세는 "변명은 거짓말보다 더 나쁘고 더 추악하다. 왜냐하면 방어막을 친 거짓말이기 때문이다"라고 했습니다. 동의할 수밖에 없는 말입니다. 우리는 힘 있는 사람들의 변명에 지칠 대로 지쳐 있습니다. 그럼에도 불구하고 변명을 들어주는 것은 중요합니다. 그때부터 소통이 시작될 수도 있으니까요. 우리 사회는 정치적으로 여러 가지 갈등이 얽혀 있고, 서로 의견이 다른 사람끼리의 대화는 늘 싸움으로 끝납니다. 이런 문제는 '질문을 하지 않기 때문'에 비롯되는 경우가 적지 않습니다. 사실 자기 의견이 뭔지도 모르면서 주장하고, 상대방도 그렇게 대응하다 보니 싸움이 커지는 거겠지요.

자기 의견을 명확하게 정리하면 토론의 깊이가 훨씬 더 깊어집니다. 인터뷰는 결국 질문하는 것입니다. 만약 어떤 사람이 잘못을 했더라도 인터뷰를 통해 '남들이 이렇게 생각하는데 어떻게 생각하십니까?'라는 질문을 받으면 자기 자신을 한 번 더 생각해볼 것이고, 그 인터뷰를 본 사람들은 '아, 이 사람의 진심은 이게 아니었구나'라고 생각할 수도 있습니다. 그럼 죄에 대해 미워할 건 미워하더라도 오해는 어느 정도 풀리지 않을까요.

　요즘 군대 내의 가혹 행위에 대한 뉴스가 많이 나옵니다. 사건에 대한 이슈가 가해자에 대한 마녀사냥으로만 흘러가는 건 아닌가 하는 생각이 듭니다. 물론 가해자가 지은 죄에 대한 합당한 처벌은 반드시 필요합니다. 하지만 '가해 병사들은 악마 같다'라는 프레임으로만 이슈에 대해 논의를 벌이면 가해자를 악마로 만들어버릴 뿐 정작 바뀌어야 할 시스템은 전혀 변하지 않게 됩니다. 처벌할 것은 처벌하되 이런 사건이 왜 발생했는지 근본적인 문제점을 묻고 답을 찾아봐야 하지 않을까요? 시스템을 개혁하려면 '이런 일이 발생하지 않으려면 무엇을 바꿔야 할까', '군대 내 가혹 행위 가해자와 피해자가 발생하지 않으려면 어떻게 해야 할까' 등 많은 질문을 던져야 합니다.

　저는 상식대로 세상이 돌아가지 않는 데 대해서 질문을 던지는 사람입니다. 도대체 왜 이런 문제를 풀지 않고 계속 이렇게 끌고 가느냐고 질문하는 사람이죠. 결국, 인터뷰는 사람, 나아가 이 사회에 질문을 던지는 일인 것입니다.

PART 3

인터뷰어의 역할과 태도

▶

인터뷰를 잘하는 법도 글쓰기 잘하는 법처럼 왕도는 없습니다.
인터뷰 대상에 대해 충분히 알고 가는 것. 만약 시간이 부족하다면
인터뷰 대상과 관련된 사항들에 대해서 기본적인 체크는 하고 가는 것.
사람에 대해 충분히 알고 가되 인터뷰의 기본은 듣는 일이란 것을
잊지 않을 것. 약속 시간에 늦지 않을 것. 인터뷰이와의 약속을 지킬 것.
이런 작은 노력들을 쌓는 것이 중요합니다.

일단 인터뷰어는 잘 들어야 합니다. 경청이 중요하다는 말을 많이 합니다. 공경할 경(敬)에 들을 청(聽), 공경하는 마음으로 들으라는 뜻일 겁니다. 공경할 경(憼)이라고 쓰기도 합니다. 공경할 경과 들을 청이라는 글자 안에는 마음 심(心) 자가 들어 있습니다. 누군가를 공경하고, 이야기를 듣는 데에는 마음, 즉 진심이 담겨 있어야 한다는 뜻이겠지요.

커뮤니케이션 전문가인 편석환 교수는 성대 종양으로 목소리가 나오지 않게 되자 방학 기간만이라도 묵언을 해보자고 결심했습니다. 그 이야기를 엮어 『나는 오늘부터 말을 하지 않기로 했다』라는 책을 엮기도 했습니다. 말을 하지 않으면 인간관계에서 소외될 것이라는 막연한 두려움과는 달리 실제로는 상대방의 말을 경청하게 됨으로써 대화가 더욱 깊어졌다고 고백합니다. 그래서 사람들과의 관계도 더 좋아졌다고 하고요.

"말이 없어지자 비로소 들리기 시작했다. 묵언을 하기 전에는 내 말에 대한 생각이 앞서 타인의 소리를 경청하지 못했는데 말문을 닫으니 비로소 귀에 들어온다. 내 얘기에 집중할 때는 대화의 주제와는 다른 얘기를 엉뚱하게 꺼낼 때도 있고, 심지어 서로 다른 얘기를 할 때도 있었는데 말이다. 입을 닫으니 상대방의 얘기가 귀에 들어오고 나아가 상대방이 눈에 들어온다. 이것 참! 기막힌 경험을 했다."

사람들은 설득하기 위해 말을 많이 합니다. 자신의 매력을 드러내기 위해서도 말을 많이 합니다. 하지만 대개 그런 노력은 실패로 돌아가는 경우가 많습니다. 그 자리에서는 뭐라고 하지 못해도 집으로 돌아가면서 '참 피곤한 사람이니 저 사람과의 만남은 되도록 피해야겠다'고 생각할 겁니다. 반면 귀 기울여 듣는 사람은 상대방의 의중을 잘 파악할 수 있는 데다 배려한다는 인상을 주기 때문에 대부분 주위에 친구들이 많습니다.

　일상적인 대화뿐만 아니라 고민 상담이든 정신과 치료든(심지어 육체적인 병을 치료할 때도) 상대방의 말을 듣는 것은 기본 중의 기본입니다. 하물며 인터뷰에 있어서야 두말할 나위가 있을까요? 제대로 듣고, 상대방을 이해하고 나서야 적절한 말을 던질 수 있겠지요. 이청득심(以聽得心), 상대방을 설득하는 마지막 한 방은 듣는 힘에서 나옵니다.

● 　　　　　　　　　　**계속 대화를 나누고 싶은 사람이 되어라**

친구들과 몇 시간 동안 대화를 나누고도 '도대체 오늘 내가 무슨 말을 들었지?'라는 생각이 들 때가 많습니다. 남의 말을 중간에서 끊거나, 상대방의 말을 듣는 동시에 내가 할 말이 머릿속에 맴돌다 보니 상대방의 말이 들리지 않기 때문일 겁니다.

　인터뷰를 하다 보면 그런 오류를 범하기 쉽습니다. 다음 질문을 생각하고, 오늘 '이런 이야기를 꼭 듣고 가야 해'라는 생각 때문에 마음이 급해집니다. 그러면 인터뷰이의 이야기가 귀에 들어오지 않거나, 자기 프레임대로 인터뷰이의 말을 해석하게 되지요. 편석환 교수의 말처럼 입을 닫고 상대방의 말을 경청하다 보면 다음에 이어나갈 질문이 저절로 생각나고, 자연스레 대화가 이어질 텐데 말입니다.

만화가 강풀은 인터뷰 후 SNS에 이런 글을 남겼습니다.

"인터뷰 잘하심. 무엇보다 시간이 아무리 촉박해도 인터뷰이의 대답이 나올 때까지 차분하게 당신의 이야기를 듣겠노라는 분위기를 형성해주심. 결국 신뢰의 공간을 만들고 내가 하고 싶은 말을 할 수 있게 해주심. 다음 질문을 위해 먼저 이 질문을 한다는 느낌이 없어서서 말 그대로 편안한 대화를 하고 싶은 사람이 되어주심. 경험자로서 잘 알고 있음."

이 짧은 글 안에 인터뷰어가 가져야 할 태도가 모두 들어 있습니다. 아무리 시간이 촉박해도 인터뷰이의 대답이 나올 때까지 차분하게 당신의 이야기를 듣겠노라는 분위기를 형성하는 것이 말처럼 쉬운 것은 아닙니다. 채워야 할 지면이 있는데 시간은 없고, 상황이 꼬일 경우 초조해지게 마련이죠. 그 마음이 인터뷰이에게 전달되면 편안한 대화 분위기가 이어지기는 어려울 것입니다. 상대방이 하는 말을 끊지 않고 충분히, 차분한 태도로 듣다 보면 상대방도 편하게 대화를 한다는 느낌이 들어 마음을 열고 이런저런 질문에 답을 해줄 겁니다.

물론 중간중간 적절한 리액션은 필요하겠죠. 대화가 산으로 간다 싶으면 기분 나쁘지 않게 다음 질문으로 넘어가야 하는 경우도 있을 거고요. 그때는 "죄송합니다만 인터뷰 시간은 한정되어 있고, 제가 채워야 할 지면의 분량이 있어서요. 다른 걸 좀 여쭤도 될까요?" 하는 식으로 예의 바르되 솔직하게 밝혀 말하는 것이 좋습니다.

그러나 상대방이 많은 이야기를 하고자 하고 시간도 충분할 경우, 대화가 다소 다른 방향으로 흘러간다고 해도 계속 귀 기울여 듣는 것이 좋습니다. 처음에 왜 이런 이야기가 나왔지 싶다가도 결론

부분에 이르러서 '아, 이런 이야기를 하고자 아까 그 말을 꺼낸 거구나' 하고 무릎을 치게 되는 경우도 많으니까요.

●   **있는 그대로 기록하라**

인터뷰어의 가장 중요한 덕목은 인터뷰이의 신뢰를 얻는 능력입니다. 많은 이들이 인터뷰어의 가장 중요한 덕목으로 화려한 말발이나 공격적인 태도 같은 기술적인 면을 꼽습니다. 물론 사안에 따라 상대에게 무언가를 알아내야만 하는 이슈를 다룬 인터뷰는 기술적인 측면이 필요합니다. 하지만 내면에 존재하는 어떤 것을 끌어내기 위해서는 그의 신뢰를 얻는 것이 가장 중요합니다. 하다못해 친구들 중에도 똑똑하지만 괜히 속마음까지 털어놓기는 싫은 친구가 있잖아요. 반면 좀 어눌해 보여도 마음이 가는 친구도 있습니다. 그러니 화려한 언변이나 대화의 기술이 없다 해도 신뢰를 얻으려는 노력으로 더 좋은 인터뷰를 할 수도 있습니다. 방송인 유재석은 10년 가까이 무명 시절을 겪었습니다. 덜덜 떨리는 오른손을 왼손으로 꼭 누르고 방송을 진행하던 장면은 자료 화면으로 종종 소개되곤 합니다. 그런 그가 부단한 노력 끝에 한국 방송 역사상 가장 뛰어난 진행자가 되었습니다.

인터뷰이가 저 사람과 인터뷰를 하면 왜곡하지 않는다고 믿는 것, 독자가 저 인터뷰어의 인터뷰라면 믿을 만하다고 인정해주는 것이 '신뢰'입니다. 인터뷰이가 거짓말할 수도 있지 않느냐고요? 그건 더 많은 기록을 통해 크로스 체크하면 됩니다. 역사는 승자의 기록이기도 하고, 자신의 입장에 유리하게 서술되기도 하죠. 그럼에도 그런 기록이 많이 있다면 그걸 통해 진실이 무엇인지를 유추해보는 것은 후대의 역사학자 몫으로 남겨둘 수도 있을 겁니다.

가령 1980년 당시 최규하 대통령과 전두환 장군 사이에 있었던 일들은 가장 가까운 몇 사람만이 알고 있습니다. 최규하 전 대통령이 고인이 된 상황에서 전두환 전 대통령이 입을 닫는다면 진실은 묻혀버리는 거죠. 그럴 때 신뢰할 수 있는 기록자가 사후에 공개하는 것을 전제로 기록을 남겨 놓았다면 후대의 사람들이 진실에 접근하기 훨씬 쉽겠지요. 누군가가 이미 했을지도 모르겠지만, 지금까지의 상황으로 볼 때 그럴 확률은 희박하고, 기록이 있더라도 많은 사람들에게 공개되지는 않을 듯합니다. 그런 상황에서 최규하 전 대통령의 이야기를 끌어내려면 당연히 그분에게 '이 친구한테는 얘기해도 되겠다'는 신뢰감을 줘야 할 거고, 그 신뢰감을 바탕으로 집요한 설득을 해야 할 것입니다. 그리고 그렇게 기록된 것을 사람들이 '진실을 추구한 것'이라 믿을 때, 그 기록은 비로소 의미 있는 소통을 담아낸 기록이 될 겁니다.

인터뷰이들이 저를 신뢰하는 이유 중 하나는 인터뷰 현장에서 제가 바보 같은 질문을 던져 제 자신이 망가진 장면까지 그대로 기록으로 남기기 때문일 겁니다. 사실 인터뷰 글은 인터뷰어가 자신의 시각으로 기록을 남기는 만큼, 스스로 부끄러웠던 부분의 기록을 줄이거나 자신을 더 돋보이게끔 다듬고 싶은 욕망이 생겨나게 마련입니다. 하지만 저는 그렇게 하지 않았고, 바보 같은 질문이라고 비아냥대는 소리나 지루하다는 평을 감수했습니다. 그리고 인터뷰이가 왜 그렇게밖에 대답할 수 없었는지에 관한 실패의 기록도 고스란히 남겼습니다. 저는 그것이 '기록자'로 오래 살아남을 수 있는 길이라고 생각합니다.

"기존의 인터뷰는 인터뷰어가 자신의 권위를 메이크업하는 데 인터뷰이의 권위를 차용하는 경우도 있고 인터뷰이가 자신을 선전하기 위해 인터뷰어와 매체를 이용하는 경우도 있다. 인터뷰 자체가 아니라 인터뷰를 도구로 전락시킨다. 지승호의 인터뷰는 그렇지 않다. 인터뷰이를 이용하지도 않는다. 다만 기록자의 자세를 취한다. 지승호는 인터뷰 전문가라는 직업을 만들어냈다. 인터뷰를 진화시켜 왔다. 인터뷰 인간. 그는 현재 가장 인터뷰적인 인물이다."

예전에 어느 분이 인터넷에 쓰신 글을 저장했는데, 누가 쓴 글이었는지 도저히 찾을 수가 없습니다(인용을 부디 용서해주시길). 과분한 칭찬이지만 이분의 말씀처럼 저는 앞으로도 계속 기록자의 자세를 취하고자 합니다. 그리고 인터뷰를 진화시키는 가장 인터뷰적인 인물로 진화하고 싶습니다.

더불어 《한겨레21》 안수찬 편집장이 건넨 말을 마음속 깊이 새겨두려 합니다. "인터뷰엔 전문성이 필요하다는 발상. 그 일을 소명으로 삼은 사람. 한두 해가 아니라 섭수 년째 그 길을 개척하는 인생. 전부 처음이고 유일하잖아요. 역사는 그런 사람을 기억합니다."

●   **통역을 하듯 상대의 언어를 읽어라**

'당신은 어떤 사람인가요?'라는 질문에 같은 사람이라도 상황에 따라 달리 대답할 수 있습니다. '그걸 당신이 알아서 뭐하게요?', '그걸 알아내는 것이 인터뷰어의 역할 아닌가요?'라는 공격적인 답변을 할 수도 있고, 반면 아주 가볍게 자기를 규정하고 넘어갈 수도 있겠죠. 좀 긴 호흡을 가지고 고민을 해본 후 '오늘 대화를 나눠보니 나는 이런 사람일 수도 있을 것 같다'는 답변이 나올 수도 있습니다. 이처럼 인터뷰이의 답변은 고정된 것이 아니라, 그날의 호흡과 분위기에 따라 달라질 수 있는 것이기에 대화가 이루어지는 순간을 잘 포착하고 그 흐름을 매끄럽게 이어갈 수 있어야 합니다.

패션 디자이너 정구호는 커뮤니케이션을 통역하는 코디네이터의 중요성을 강조합니다.

"서로 다른 장르 사람들의 커뮤니케이션을 통역하는 것이 코디네이터죠. (…) 서로 다른 두 가지 언어를 구사할 수 있기 때문에 누군가를 매개하고, 연결시키는 거죠. 저도 패션을 하지만 패션 디자이너가 순수예술 장르의 아티스트랑 협업하는 건 쉽지 않아요. 그런 걸 굉장히 잘하는 영국 브랜드 중에 '프레드 페리'라는 브랜드가 있는데, 거긴 레이 가와쿠보 같은 전위적인 디자이너와도 성공적으로 일을 하더군요. 비결을 물었더니 '협업'만 도맡아 처리하는 담당자가 있다고 하더군요."

그러면서 다른 분야의 사람들과 대화를 나눌 때 소통의 어려움에 대해서 이렇게 말합니다.

"다른 분야의 분들과 얘기할 땐 처음엔 얘기가 잘된 것처럼 보이는데 결과가 엉뚱하게 나오는 경우도 있어요. 그래서 전 끊임없이 반복해서 체크해요. 확인에 재확인을 해서 결과가 나왔을 때 서로 생각했던 결과가 되게 노력하는 거죠. 그런 반복이라면 얼마든지 해야 하는 거라고 생각해요."

때문에 다른 사람의 의도를 제대로 읽기 위해서는 통역을 하듯 순간의 호흡과 분위기를 읽어갈 필요가 있습니다. 볼테르는 "나와 이야기하고 싶다면 먼저 당신의 용어를 정리하라"는 말을 했습니다. 스스로의 용어뿐만 아니라 상대방의 용어에 대해서도 어느 정도 정리를 하고 가야 제대로 된 대화를 나눌 수 있다는 뜻이겠지요. 인터뷰 역시 그렇습니다. 통역을 하듯 상대방의 언어를 알고, 순간의 호흡과 분위기에 집중해야 합니다.

● **자신감을 갖되, 겸손하게**

2005년 노회찬 전 의원과 인터뷰를 한 적이 있습니다. 인터뷰가 끝난 후 노회찬 의원은 개인 홈페이지 '난중일기' 코너에 이렇게 쓰셨더군요.

"10시 인터뷰 전문기자인 지승호 씨가 찾아오다. 이번엔 《인물과 사상》을 위한 인터뷰다. 작년 4.15 총선을 두 달 앞두고 웹진 《서프라이즈》의 인터뷰를 위해 처음 만났다. 그는 잘 준비된 인터뷰어다. 인터뷰이에게 직접 물어봐야만 하는 것 이외엔 모두 사전에 파악하고 온다. 준비가 부족한 인터뷰어들은 인터넷만 뒤지면 금방 알 수 있는 것까지 묻는다. '민주노동당의 강령은 어떤 내용이죠?'라는 질문을 받은 적도 있다."

사실 인터뷰어에게 직접 물어봐야만 하는 것 이외의 영역까지 모두 사전에 파악하고 갈 수는 없습니다. 다만 그러려고 노력할 뿐이고, 준비가 되어 있지 않다는 인상을 주지 않기 위해 집중해야 할 주제에 한정하려고 노력할 뿐이죠. 하지만 간혹 그런 질문을 해야 할 때도 있습니다. 그럴 때는 두려워하지 말고 "그 부분을 제가 미처 확인하고 오지 못해서 죄송한데요"라거나 "바보 같은 질문입니다만"이라고 질문을 시작하면 대개 친절하게 대답을 해줍니다. 인터뷰어는 묻는 것이 일인 만큼 때론 바보 같을 권리도 있는 거지요. 하지만 시니컬한 인터뷰이의 경우 "죄송할 짓을 왜 해요?"라거나 "정말 바보 같은 질문이네"라고 할 경우도 있으니 마음을 단단히 먹어야 합니다.

배우 오지혜는 "손숙이나 박정자 씨처럼 40년을 넘게 연기를 하신 분들에게 딸 같은 기자가 찾아가서 '언제 데뷔하셨어요?' 하고 물으면 '가서 자료를 좀 더 보고 오세요'라고 쫓아낸다고 하는데, 맞는 말인 것 같아요. 그것은 기본 중의 기본인 거죠"라고 한 적이 있습니다. 그리고《월간조선》에 '오효진의 인간탐험'을 기고한 오효진 기자도『인터뷰의 황제가 되는 길』에 비슷한 사례를 소개합니다.

"나는 나훈아 씨와 인터뷰를 시작하면서 미리 준비해간 자료 보따리를 풀어놓았다. 그의 신상 명세와 최근의 기사, 그리고 신문사 조사부에서 복사한 오래된 신문과 잡지 기사, 이런 것들이었다. 그 자료의 많은 곳에는 붉은 줄이 쳐져 있었다. 내가 지난밤 늦게까지 공부했던 것이다. 그걸 보고 나훈아 씨가 먼저 입을 열었다. '저를 만나러 오시기 전에 저에 대해 이렇게 많이 공부해 오시지 않았습니까. 그런데 어떤 젊은 기자들은 저를 만나러 오면서 볼펜과 수첩만 달랑 들고 와서, 저, 본명이 뭐지요? 합니다. 그런 기자를 만나면 저는 당장 그럽니다. 뭐요? 당신 같은 사람 필요 없어. 당장 나가!'"

이런 기본적인 것을 챙기지 않아서 인터뷰가 끝나는 일이 벌어져서는 안 되겠지요. 인터뷰 대상에 관한 예전 인터뷰 자료를 챙겨

보아야 하는 이유는 또 있습니다. 일본의 전문 인터뷰어 아가와 사와코는 그런 준비가 "뻔한 대답이 나오지 않게 한다"고 하면서 "지금까지 그 사람이 같은 질문을 받을 때마다 얼마나 비슷한 대답을 했는지 확인하기 위해서다. 요컨대 으레 받는 질문에는 마치 모범 답안처럼 매번 비슷한 대답을 할 가능성이 있다"고 덧붙입니다.

저는 '몇 년 전 어느 매체와의 인터뷰에서 이렇게 말씀하셨는데, 지금도 같은 생각을 하고 계십니까?' 같은 유형의 질문을 자주 던집니다. 이 질문으로 얻을 수 있는 것이 여럿 있습니다. 인터뷰이의 과거의 생각과 지금의 생각이 바뀌었는지, 바뀌었다면 어떻게 바뀌었는지, 왜 생각을 바꾸었는지를 통해서 개인의 변화와 사회의 변화를 함께 읽을 수 있는 경우가 많습니다. 어쩌면 그때 했던 이야기가 진실이 아니었다는 말을 들을 수도 있고요.

준비를 많이 하고 가야 한다고 해서 '나는 문제가 무엇인지 다 알고, 당신에 대해서도 다 알고 있다'는 듯이 굴어서는 안 됩니다. 앤드루 소벨, 제럴드 파나스가 쓴 책 『질문이 답을 바꾼다』에는 '현명한 세일즈맨이 세일즈를 위해 고위 중역을 만날 때의 질문법'에 대해서 프레드라는 다국적 기업의 북아메리카 지부 최고책임자가 답한 내용이 나옵니다.

"우선, 저와 만나는 것을 어려운 과제로 생각해야 합니다. 준비를 해야 하죠. 우리 회사의 연례보고서를 읽고, 인터넷을 뒤져 자료를 조사하고, 제가 했던 연설도 읽어보고, 제 인터뷰 영상도 보고, 시장 분석가들의 보고서도 읽어보고요. 무턱대고 만나러 오기 전에 제가 중요하게 여기는 사안이나 전략을 숙지해야 합니다. 중요한 점이 또 하나 있습니다. 나를 만나 이야기를 나눌 때 내가 중요하게 여기는 진짜 문제가 무엇인지 다 안다고 생각하면 안 된다는 겁니다. 자신감은 가지되, 겸손해야 한다는 얘깁니다. 신중한 질문과 제안을 하는 건 좋지만 내 문제를 다 안다는 듯이 굴어서는 안 됩니다."

세일즈맨과 중역을 인터뷰어와 인터뷰이로 대치하면 인터뷰에 필요한 내용을 정확하게 지적하고 있습니다. 여기서 중요한 부분은 '자신감은 가지되, 겸손해야 한다'는 겁니다. 프레드는 다음과 같이 덧붙입니다.

"당신이 웬만큼 배경지식과 경험을 갖췄음을 은연중에 드러내는 질문을 던져야 합니다. 상대방의 경쟁자들에 대해 어떻게 생각하는지, 해당 업계의 변화 양상에 대해 어떻게 생각하는지 견해를 먼저 나타내고, 상대방을 대화에 끌어들이세요. 그럼 상대방은 마음을 열기 시작합니다. 그런 다음에는 좀 더 직접적인 질문을 해도 됩니다."

●   **때로는 형사처럼**

어느 베테랑 형사가 한참을 침묵한 후 연민 섞인 목소리로 "너 왜 그랬어?"라고 물으면 범인이 눈물을 쏟으며 범행 일체를 자백하는 장면을 영화나 TV 드라마에서 볼 때가 있습니다. 그건 그전의 어마어마한 수사 과정과 기 싸움, 취조 과정이 있었기 때문에 가능했을 겁니다. 마치 무림 고수들이 한 치의 움직임도 없이 상대의 내공을 파악해내는 것처럼 말입니다. 이런 부분에 대한 고민을 해본 적이 없는 사람일수록 그 장면을 보고 '자백 받기 쉽네. 무슨 고수가 저래?' 이렇게 생각하겠지요.

무슨 일이든 기술보다는 태도가 더 중요합니다. 그래서 저는 좋은 인터뷰어는 좋은 형사와 비슷하다고 생각합니다. 형사가 자기가 짜놓은 시나리오대로 자백을 얻어낸다면 그는 유능한 형사일지는 몰라도 좋은 형사일 수는 없습니다. 좋은 형사라면 '이 사람이 진범일까?', '이 증거가 범인이라는 것을 증명해줄 수 있나?', '혹시 다른 가능성은 없나?' 하고 범인의 입장에서 끊임없이 질문을 던져야겠지요. 인터뷰어 역시 인터뷰이의 입장에서 끊임없이 질문을 던져야 합니다.

국내 최초 프로파일러인 권일용은 심문 전략을 형사들과 함께 짜느냐는 질문에 이렇게 답을 합니다.

"분석을 바탕으로 정보를 줍니다. 혼자 조사를 받아야 한다거나, 비슷한 연령대의 수사관을 붙여야 된다거나, 어떤 얘기를 할 때 범인들이 심리적으로 자유로워지는지에 대한 얘기까지 하죠. 가령 어머니 얘기를 하는 경우도 있고, 좋은 형사와 나쁜 형사의 배치, 듣는 형사와 말하는 형사 전략을 쓰기도 합니다. 범인의 성향 기질에 따라 일부러 말할 때까지 한마디도 안 하고 기다리는 비언어적인 전략을 구사하는 경우도 있고요. 자백을 안 했을 때 생길 수 있는 문제에 대해서도 얘기해줘요. 연쇄살인범들은 수사관들의 압박에는 영향을 잘 안 받아요. 그러니까 속임수가 아니라, 자백을 하게끔 판단하는 데 영향을 주는 전략을 쓰는 겁니다."

인터뷰는 심문 과정과 비슷한 면이 있습니다. 인터뷰이에게 특정한 이야기를 끌어내야 하는 사건 기사 취재의 경우에 더욱 그러하지요. 이때 인터뷰어는 혼자서 좋은 형사, 나쁜 형사, 듣는 형사, 말하는 형사의 역할을 오갈 수 있어야 합니다. 베테랑 형사가 자백을

듣기까지 어마어마한 수사 과정과 기 싸움, 취조 과정이 있었음을
기억하며 말이죠.

● 　　　　　　인터뷰이와 독자를 위해 밥상을 차려주는 사람

"지승호 씨는 인터뷰이 자신도 모르는 광맥을 찾아서 캐내주잖아
요. 제 경험으론……. 인터뷰가 정말 길던데요. 뭔 할 말이 그렇게 많
았는지 모르겠어요. 그리고 새삼스럽게, 말을 이끌어내는 능력에서
지승호 씨를 따라갈 인터뷰어는 없을 것 같다는 생각을 합니다. 대
화를 나눌 수 있어 고마웠어요."

　　시인 노혜경은 인터뷰어를 '광부'에 비유했습니다. 적절한 비유
인 듯합니다. 인터뷰이를 광산이나 광맥에 비유한다면 어떤 광물을
품고 있는 광산인지 파악을 해야 될 것이고, 정확한 매장량과 그 지
역의 지형지물, 광맥을 캐는 데 있어서의 위험 요소를 파악하고 제
거해야 될 것이며, 오늘은 얼마나 캐낼 것인가, 여러 광물이 있다면
어느 광물에 집중할 것인가 등등의 계획을 미리 짜야 하겠지요.

　　한번은 '당신은 유명 인터뷰이의 밥상에 숟가락을 올려놓는 사
람'이라는 말에 발끈해서 《인물과 사상》 2013년 9월호 인터뷰를 진행
하며 '인터뷰어는 당신에게 밥상을 차려주는 사람'이라고 말한 적이
있습니다. 아마 제가 처음 인터뷰를 시작한 후 조금이라도 발전을 해
왔다면 그런 악평이나 혹평에 이를 악물고 대들었기 때문일 겁니다.

　　인터뷰어는 밥상에 숟가락을 얹는 사람이 아니라 인터뷰이와
독자를 위해서 밥상을 차려주는 사람입니다. 일단은 그만한 값어치

가 있어야지 요리를 하고 싶은 마음이 들고, 정성스레 차리고 싶을 거고요. 인터뷰이가 충분한 재료를 가지고 있고, 찬장 속에 뭔가 숨겨놨으면 그걸 꺼내서 이런저런 요리를 한 후 인터뷰이의 이름으로 초대한 만찬에서 독자가 그것을 맛있게 먹는 것을 뒤에서 지켜보는 것이 인터뷰어의 역할 중 하나겠지요.

마치 출장 요리사와 비슷한 역할일 텐데, 출장 요리사는 자신이 요리 재료까지 챙겨온다는 면에서 인터뷰어와는 역할이 조금 다른 것 같고요. 스타의 냉장고에 있는 재료만을 가지고 요리를 하는 TV 프로그램인 〈냉장고를 부탁해〉의 셰프와 그 역할이 비슷한 것 같습니다. 일단 냉장고에 있는 재료만을 가지고 어떻게 요리를 할지 상상력을 발휘해야 하며, 요리를 시식할 스타의 음식 취향을 알아야 그가 만족할 만한 요리를 만들어낼 수 있겠지요. 그리고 주어진 재료를 가지고 무슨 요리를 만들 것인지 정도는 상상을 하고, 계획을 짜고 요리를 시작해야 제대로 된 음식을 만들어낼 수 있을 것입니다. 일단 요리를 시작하면 새 재료를 구하러 나갈 시간이 없을 테니까요.

《GQ》이충걸 편집장은 이렇게 이야기합니다. "그건 맛있는 요리의 조건은 재료 자체의 신선함인가, 주방 아줌마의 솜씨인가를 묻는 것과 같아요. 둘 다 갖춰야 하겠지요. 하지만 재료 자체가 워낙 좋으면 그 자체로도 맛있는 경우가 더 많죠."

● **어쩌면 시지프스의 형벌 같은 잔인한 직업**

"사람이란 하나의 우주…… 그것도 시시각각 변화하는 우주죠. 시도

할 때마다 다른 우주를 만나는 일이므로 300번의 시도는 300번의 새로운 실패를 쌓는 법이 아니겠는지요. 시지프스일지도 모릅니다. 지승호란 사람은……."

제가 인터뷰어로서의 좌절감을 느끼고 있던 무렵, 《황해문화》 전성원 편집장이 건넨 말입니다. 이 말을 듣고 "아!" 하는 짧은 비명이 터졌죠. 2012년에 이상호 기자와 함께 출간한 『이상호의 GO발뉴스』 저자 소개 글도 동시에 떠올랐습니다.

"이상호 기자와의 인터뷰집은 서른세 번째 인터뷰집이다. 12년 차 전업 인터뷰어로서 많다면 많고 적다면 적은 숫자다. 한국에서 소속된 매체 없이 단행본으로 작업을 이어나간다는 것이 참 무모한 시도였다는 생각이 요즘 들어 점점 많이 든다. 어쩌면 시지프스의 형벌 같다는 생각. 돌을 밀어 올려 정상까지 왔다는 기쁨은 잠시, 굴러떨어진 돌을 다시 올려야 하는 막막한 노동을 언제까지 감내해야 할지 모르겠다. 이 일을 평생 하겠다고 결심했지만, 안 그래도 척박한 환경에 사람들이 점점 더 종이 매체를 통해 텍스트를 읽지 않으니 이 일을 언제까지 할 수 있을지 잘 모르겠다."

짝사랑하는 사람은 상대의 미묘한 감정을 잘 읽을 수 있습니다. 늘 상대의 반응에 촉각을 세우고 있기 때문이겠지요. 어쩌면 인터뷰어는 짝사랑하는 상대의 눈치를 살피면서 그 사람에게 지속적으로 질문을 던져야만 하는 잔인한 직업인지도 모르겠습니다. 상대방 반응을 하나하나 살피면서 섬세하고 조심스럽게 행동하지 않으면 안 되니까요. 인터뷰어는 정말 시지프스의 운명을 타고난 것일까요?

세계적인 인터뷰어 오리아나 팔라치는 '인터뷰는 섹스'라는 유명한 말을 남겼습니다.

"인터뷰란 싸움이다. 남녀의 육체적 관계와 같은 것이다. 상대를 발가벗기고 자신도 발가벗은 채 서로가 숨기는 것 없이 인격 전부를 걸고 맞서는 싸움이어야 한다."

"설혹 저는 상대가 싫어도 그 자리에서는 애정을 보이죠. 제가 보기에 인터뷰란 하나의 애정 이야기예요. 그것은 전쟁이고, 일종의 성교입니다"라고 말하기도 했습니다.

미국《타임》지는 오리아나 팔라치에게 "살아 있는 시대의 증인 오리아나 팔라치는 역사를 살며 손으로 역사와 접촉하며 눈으로 역사를 투시하며 귀로 역사에 귀 기울인다"라는 찬사를 보냈습니다. 그만큼 오감을 모두 사용해서 인터뷰에 임하고 그것을 기록으로 남겼다는 이야기겠지요.

'인터뷰는 섹스'라는 말은 인터뷰는 그만큼 정서적인 교감이 이루어지는 일이라는 뜻일 테고, 상대방에 대한 이해, 배려와 함께 상대방의 취향 같은 것을 잘 알고 있어야 만족스러운 애정 관계가 가능한 것처럼 인터뷰 역시 그렇다는 이야기일 겁니다.

하지만 그 사람에 대해 애정이 크다고 해서 무조건 좋은 인터뷰가 이루어지는 것은 아닙니다. 오히려 너무 좋아하는 사람 앞에 서면 선뜻 입을 열기 어렵듯이 인터뷰이에 대한 애정이 너무 클 경우 '이 사람이 이 말을 듣고 상처를 받으면 어쩌지, 이 사람 앞에서는 얼어붙어서 아무 말도 할 수가 없어. 내 질문을 듣고 바보 같다고 생각

하면 어떻게 할까' 하는 생각이 들어 인터뷰를 진행하기 어려울 수
도 있습니다. 애정은 갖되 적당한 거리를 유지하는 것. 말은 쉽지만
생각만큼 쉽지 않습니다. 이것 역시 거듭 실패하는 경험을 통해 익
혀나갈 수밖에 없을 것이고요.

　상대에 대해 충분히 연구하고 이해한 후 상대방의 성격에 따라
데이트 방법이 달라지는 것처럼 인터뷰이의 성격에 따라 다른 대응
이 필요합니다. 데이트 코스를 다 정해놓고 리드해주길 바라는 사람
이 있는가 하면 너무 적극적으로 들이대면 마음의 문을 닫아버리는
사람이 있고, 어떤 걸 원하느냐고 배려하며 물어봐주길 원하는 사람
도 있을 수 있습니다. 그렇다고 해서 상대에게 맞추기만 해서는 사랑
에 성공할 수 없습니다. 이른바 '밀당'이 필요하고 상대방을 파악하
기 위한 눈치와 상대방이 주는 신호를 해석할 수 있는 안목, 그리고
다양한 상황에 대처할 수 있는 임기응변이 필요하겠죠.

　황호택 전《동아일보》논설주간은 역시 같은 맥락에서 이런 이
야기를 했습니다. "인터뷰이를 어떻게 유인해 인터뷰 마당에 끌어내
고 어떤 질문으로 깊은 속내를 노출시킬 것인가, 개척할 분야가 많
은 언론 심리학이라고 이름 붙일 만하다."

●　　　　　　　　　　　　　　　**흥행에는 실패했을지라도**

진중권 교수는 "한국에서는 한 가지 일을 3년만 하면 다른 데에서
연락이 오고, 5년쯤 되면 일가견이 있다고 인정받으며, 10년쯤 되면
대가로 인정받는다"라고 말했습니다. 왜 그러냐 하면, 새로운 일을

하는 사람이 없기 때문이라는 겁니다.

제 인터뷰집의 리뷰를 자세히 보신 분은 아시겠지만, 대부분 '이 책에서 이런 점은 좋았고, 이런 점은 아쉬웠다'고 말씀하십니다. 다른 인터뷰집이나 사람과의 비교를 잘 하지는 않죠. 그런데 다른 인터뷰어의 인터뷰집이 나올 때마다 그 리뷰에는 저를 깎아내리는 비교나 폄하가 몇 개쯤은 꼭 등장하더군요.

비교하지 말라는 것이 아니라 하려면 정확하게 해달라는 건데요. 이를테면 김혜리 기자에게 김연아 선수를, 저한테는 이봉주 선수를 붙여서 비교해볼까요. 김혜리 기자는 7분 안에 완벽한 드라마를 연출해내는 피겨 스케이팅에 어울리는 인터뷰어고, 저는 두 시간 넘게 고독한 레이스를 벌이는 마라토너에 비유할 수 있다는 거죠. 각자의 인터뷰 방식에 따른 장점과 텍스트의 감동이 다를 수밖에 없다는 겁니다. 이렇게 장르적 특성이 뚜렷한데도 피겨 스케이팅을 보는 눈으로 100미터를 왜 17초에 뛰느냐고 하면 난감해집니다.

제가 인터뷰를 해온 15년이란 시간은 제가 누구보다 뛰어난 인터뷰어임을 증명하는 과정이 아니라, 여전히 이 일을 하고 있는 사람임을 증명해온 과정이었습니다. 야구로 치면 재능 있는 많은 선수들이 데뷔했다가 '야구가 재미없다, 훈련 과정이 지겹고 힘들다, 다른 것이 더 좋다'면서 떠나는 것을 지켜본 과정이었죠. 그래서 많은 재능 있는 분들에게 '인터뷰 좀 같이 하자'는 말을 많이 했습니다. 혼자 뛰는 것이 심심하기도 하고, 두렵기도 해서죠.

『고래가 그랬어』의 발행인인 김규항 선생이 제게 이런 추천사를 써준 적이 있습니다.

"한국에서 인터뷰는 인터뷰이의 약력이나 훑어보고 찾아가 두어 시간 이야기를 나눈 다음, 그 삶과 정신에 대해 파악한 양 구는 일인 듯하다. 물론 그건 인터뷰라는 노동을 둘러싼 추레한 환경 때문이다. 지승호는 그런 환경과는 아랑곳없이 인터뷰어의 기본을 지킨다. 그는 인터뷰이가 감탄할 만큼 치밀하게 준비하고, 또 거듭한다. 아직 그의 노동엔 즉각적인 보상이 따르지 않는다는 점에서, 그는 개척자적인 인터뷰어인 셈이다."

인터뷰라는 노동을 둘러싼 추레한 환경을 제가 개선시키지는 못했기 때문에 정확히 말하면 저는 개척을 하려고 했으나 개척에 실패한 인터뷰어인 셈입니다. 하지만 저는 인터뷰를 좋아합니다. 제가 하는 것뿐만 아니라 남이 한 것을 보는 것도 좋아합니다. 그래서 다른 사람의 인터뷰를 찾아 읽고 강연회를 찾아가서 사인을 받는 것이 전혀 부끄럽지 않습니다. 그 선수가 성장해서 우리 팀에서 저를 2선발, 3선발 내지는 불펜 투수로 전락시키는 과정도 저는 즐길 수 있습니다. 제가 더 성장할 수 있는 계기가 될 수도 있고, 그것이 이 판을 좀더 키울 수 있는 길이니까요. 태진아가 떠야 송대관도 뜨고, 송대관이 떠야 태진아도 뜬다는 말은 우스갯소리만은 아닙니다. 시장, 좀 고상하게 말하면 신(scene)을 형성하는 게 중요합니다. 제가 유령 취급을 당하는 데는 신이라는 게 형성되지 않았기 때문일 것입니다. 인디 밴드들이 여럿 나와서 인기를 끌고 그래서 인디 신이라는 게 생겨났으니 그들을 조명하는 방송과 언론도 생기고, 관심도 받고 그랬겠지요.

지금은 이름만 들어도 알 수 있는 어떤 영화감독은 흥행에는 실패했으나 한국 영화사에 남을 만한 작품을 만든 직후에 인터넷 게시판에서 이런 글을 봤답니다. '그따위 영화를 만든 쓰레기 같은 감독, 칼로 찌르러 가겠다.' 그 글을 보고 몇 년간 인터넷을 못하셨다고 하더군요. 이런 게 비판이고 비평이라면 단호히 거부할 권리도 있지 않을까요? 다만 그 권리는 절대 행사될 수 없는 권리라는 것을 너무도 잘 알지만요. 글을 보여주는 일을 하는 사람들에게 비교당하고 비판받는 것은 어쩌면 숙명일지도 모르겠습니다. 하지만 조금 더 정교하게, 애정을 가지고, 상대방 입장을 생각해보고 이야기해달라 말씀드린다면 어려운 부탁일까요?

● **두 개의 귀, 한 개의 입**

미국 PBS 방송국의 〈맥네일/래러 뉴스아워〉 공동 진행자인 로버트 맥네일은 "유능한 인터뷰 담당자는 상대방의 이야기를 열심히 듣는다. 어쩌면 이것이 가장 우선적인 조건일 것이다"라고 말한 바 있습니다. 그리고 《뉴요커》지 기자 수전 쉬런은 "인터뷰 담당자에겐 어려운 질문들을 던져 답변을 받아낼 방법과 입을 닫고 가만히 있는 방법을 찾아낼 만한 끈기가 있어야 한다고 생각한다. 내 경우에는 질문 한마디 던지지 않고, 그 자리에 가만히 앉아 있어야 할 인터뷰가 많이 있었다"고 말합니다.

흔히 인터뷰를 달변과 공격적 태도로 상대방을 몰아붙여 어떤 이야기를 듣는 것이라고 생각하기 쉽습니다. 하지만 의외로 상대방의 이야기를 열심히 듣는 것이 가장 우선적인 조건일 때가 많으며, 질문 한마디 던지지 않고, 가만히 앉아서 듣고 있어야 할 인터뷰 역시 많이 있습니다.

일고수 이명창이라는 말이 있습니다. 아무리 재주가 뛰어난 소리꾼이라도 북 반주자인 고수의 역량에 매여 있다는 뜻입니다. 살사 댄스를 출 때도 여성 파트너가 화려하게 보이도록 리드하는 것은 남성 파트너의 실력이라고 합니다. 북을 치는 고수의 역할이나 살사 댄스를 추는 남성 댄서의 역할은 인터뷰어의 역할과 크게 다르지 않습니다.

메리앤 커린치, 제임스 파일이 쓴 『질문의 힘』에는 '답변을 기다리지 않는 것은 아주 흔한 현상'이라는 이야기가 나옵니다. "무슨 음식 좋아하세요?"라고 묻고 나서 상대방이 잠시 생각을 하는 동안 사람들은 그새를 참지 못하고 끼어들어서 "불고기요?"라고 묻는다는 겁니다. 그리고 침묵은 효과적인 질문 도구이기 때문에 "귀를 열어야 할 때 입을 열어서 발견과 정보의 단서를 놓치는 우를 범하지 말아야 한다"고 충고합니다. "우리에게 귀가 둘이고 입이 하나인 것은 말하기보다 듣기를 두 배로 하라는 뜻이다"라는 그리스 철학자 에픽테투스의 말처럼 말입니다.

사람들이 대답을 듣지 못하는 또 다른 이유에 대해서 이렇게 말합니다.

"사람들이 대답을 듣지 못하는 또 다른 이유는 상대가 답하는 동안 다음 질문을 생각하고 그 질문을 어떻게 물어야 할지에 정신이 팔려 있기 때문이다. 그런데 상대가 질문에 답변하는 중에는 다음 질문을 준비할 수 없다. 자신이 던졌던 질문에 대한 답을 듣기 전까지 다음 질문으로 무엇이 가장 좋을지 알기 어렵기 때문이다."

이 모든 것은 결국 연습으로 극복할 수 있습니다. 상대의 움직임을 예상하고 준비한 패턴 플레이가 예측하지 못한 상대방의 움직임에 깨질 수도 있는데, 그것을 극복하는 길은 더 다양한 패턴 플레이를 연습하고 실전에 적용해서 경험을 쌓는 수밖에 없습니다. 무엇보다 중요한 것은 상대의 말을 끊지 않고 인내심을 가지고 듣는 것일 겁니다.

호의적 방식과 적대적 방식

잭 후버 등이 쓴 『(인터뷰 전문가 19인이 밝히는) 인터뷰 기법』에는 이런 내용이 나옵니다.

"인터뷰 과정에서 정중하고 예의 바른 태도를 취하는 것이 적대적이고 닦달하는 듯한 태도를 취하는 것보다 더 좋은 결과를 낳는가? 이에 대해 닉 팔레기는 '적대적 인터뷰 방식은 핵심을 끄집어내는 데는 효과적이지만, 스토리를 만들어내는 데는 좋지 않다'고 말한다. 그러나 널리 알려진 바와 같이 오리아나 팔라치의 적대적인 방식은 스토리를 만들어내는 데도 상당히 효과적이다."

인터뷰어에게는 자신의 인터뷰 목적과 방식에 대한 성찰이 필요합니다. 기자 주진우나 이상호의 경우, 오리아나 팔라치처럼 스토리를 만들어내는 데도 상당히 효과적인 인터뷰어입니다. 오리아나 팔라치나 주진우, 이상호 모두 취재원에게 굉장히 부드럽게 접근합니다. 그리고 결정적인 순간 카운터펀치를 날리죠. 전성기의 복서 알리처럼 나비처럼 날아서 벌처럼 쏘는 방식입니다. 하지만 대부분의 사람들은 오라아나 팔라치나 이상호, 주진우가 아닙니다. 대체로 스토리를 만들어내는 데는 정중하고 예의 바른 태도를 취하는 것이 효율적입니다.

황호택 논설위원은 『황호택 기자가 만난 사람』에서 켄 메츨러의 『창조적 인터뷰하기』를 인용해 이렇게 말합니다.

"경험이 부족한 기자들은 유명 인사나 고위 공직자들을 만날 때 지나치게 정색을 하거나 근엄한 자세로 임한다. 그러나 대부분의 사람들은 우호적이고 친근한 접근 방식에 가장 잘 반응을 나타낸다. 기자가 인터뷰이를 판단하고 논쟁하고 무참하게 짓밟아버리기 위해서 온 것이 아니라 의견을 경청하고, 사실을 확인하고 진상을 알아보기 위해서 왔다는 기분이 들게 해줘야 인터뷰이가 경계심을 풀고 말을 술술 하게 된다."

《가디언》지 기자 수지 매킨지는 "인터뷰는 모든 계략을 써서 유혹하는 기술"이라고 말하면서 이렇게 덧붙입니다.

"인터뷰어는 미소를 짓고, 인터뷰이가 조크를 하면 웃어주고, 그들이 당신의 관심을 사로 잡고 있다는 신호를 계속 보내라. 당신이 보고 있는 사람은 당신이 만나고자 노력했던 바로 그 사람이다. 인터뷰는 누구를 매혹시키는 것은 아니다. 오히려 인터뷰이가 당신을 매혹시키는 일이고 당신은 그들의 매력에 저항할 필요는 없다."

영국의 저널리스트 린 바버는 "가장 좋은 질문은 가장 길고 가장 흥미로운 대답을 끌어내는 가장 짧은 질문"이라고 하면서 이렇게 덧붙입니다. "당신이 어떤 사람에 대한 정보가 풍부하고 강력한 흥미를 느끼고 있을 때는 성적인 케미스트리(chemistry)가 필요 없다. 그들의 일생에 깊은 관심을 갖고 있는 사람에게 충분히 말할 기회를 거부할 수 있는 사람은 거의 없다."

하지만 이 말들은 경험이 부족한 기자처럼 지나치게 정색을 하거나 근엄한 자세로 임하는 것을 경계한 말이기도 할 것입니다. 린 바버가 말한 "어떤 스타에 대해 열렬한 팬임과 동시에 날카로운 인터뷰어가 된다는 것은 불가능하다"라는 말 역시 새겨두어야 할 잠언 같으니까요.

일본에서 20년 동안 1천 명이 넘는 유명 인사들을 만난 전문 인터뷰어 아가와 사와코는 "말을 배우는 데는 3년이면 충분했지만 말을 듣는 것을 배우는 데 20년이 걸렸다"고 하면서 좋은 인터뷰에 대해 이렇데 정의합니다.

"좋은 인터뷰란 인정사정없이 매섭게 추궁하면 되는 것이 아니다. 상대방이 '말하고 싶다'는 기분이 저절로 들게 하는 것이다. 훌륭한 인터뷰어란 인터뷰이가 '이렇게 내 이야기를 재미있게 들어주다니 더 말하고 싶네. 다른 이야기도 꺼내볼까?' 하는 생각을 들게끔 만드는 사람이다."

●　　　　　　　　　　　　　　　　　　　　**욕심을 버려라**

인터뷰를 하겠다는 사람들에게서 가끔 찾아볼 수 있는 오류가 있습니다. 대개 정말 죽이는 질문을 하나 해야 한다는 강박관념을 보이는 경우입니다. 그런 빛나는 장면은 원한다고 쉽게 나오는 게 아닙니다. 두 번 다시없을 만한 인생 게임이 매일 반복된다면 그게 과연 인생 게임이겠습니까? 매 경기를 성실하게 임하다 보면 어느새 그의 인생에서 가장 빛나는 경기를 하고 있는 게 아닐까요? 죽이는 질문 하나가 아니라 수많은 질문들이 모일 때 인터뷰이를 입체적으로 보여줄 수 있고, 세상의 얼개를 보여줄 수 있습니다.

김혜리 기자는 인터뷰에 관한 흥미로운 이야기를 전해줍니다.

"인터뷰라고 하면 저는, 상대방의 정원 한구석에 앉아 울타리 밖과 집 안을 번갈아 넘겨다보며 주인의 성격을 짐작하는 광경이 떠오릅니다. 밖으로 내쳐질까봐 불안한 한편, 갑자기 실내로 초대하면 어떡하나 지레 조마조마하기도 한 거죠."

시인 이성복의 말도 떠오릅니다. "잔치에 흠뻑 빠지지 않은 사람만이 잔치를 기록할 수 있다."

이처럼 밖으로 내쳐질까봐 불안하지만 막상 실내로 초대하면 어쩌나 걱정하는 존재, 잔치에는 참여하지만 기록을 위해 잔치에 흠뻑 빠질 수는 없는 존재가 인터뷰어입니다.

인제대학교 신문방송학과 교수 김창룡은 국민일보 기자 시절에 낸 책 『인터뷰, 그 기술과 즐거움』에서 성공적인 인터뷰를 위한 3W 법칙을 "인터뷰의 변인에는 크게 '인터뷰 대상이 누구냐?', '어디서 인터뷰가 진행될 것인가?', '언제(일주일 중 무슨 요일, 하루 중 어느 시점 등) 인터뷰가 이루어지는가?' 등이 있다"라고 제시하면서 "각 변인에 따라 인터뷰의 전체 내용이 달라질 수도 있다. 또 몇 개의 변인이 복합적으로 작용, 불가능한 인터뷰가 가능할 수도, 혹은 가능했던 인터뷰가 참담한 실패로 끝날 수도 있다. 따라서 이러한 인터뷰의 변인에 따라 기자는 탄력적으로 대처할 필요가 있다"고 덧붙입니다.

《씨네21》 기자 김성훈은 부산국제영화제 데일리지를 만들기 위해 배우 탕웨이를 섭외하는 과정에 대해 이런 이야기를 들려줬습니다. "탕웨이를 모시기 위해 영화제 시작 한 달 전부터 섭외를 시작했다. 섭외 방법은 물론 비밀이다. 분명한 건 섭외부터 인터뷰 진행, 표지 촬영까지 모든 과정이 007 작전을 방불케 할 정도였다." 그러나 매체도 없고 조력 받을 인력이 없는 저에게는 사실 이런 드라마틱한 일이 별로 없습니다. 인터뷰 대상들이 제게 관심을 가질 수 있게 꾸준히 제 일을 하면서, 지속적으로 연락을 드리는 수밖에 없습니다.

인터뷰어는 엄청난 질문과 답변을 건지겠다는 욕심도, 잔치 안으로 깊숙이 들어가겠다는 욕심도, 완벽한 인터뷰를 만들겠다는 욕심도, 또 특별한 인터뷰이를 쉽게 만나고 싶다는 욕심도 모두 버려야 할 것입니다.

● **호기심을 가지고 직접 행하라**

영국 시인이자 평론가인 사무엘 존슨은 "호기심이야말로 정력적으로 사고하는 인간의 영원하고 분명한 속성"이라고 말합니다. 중국 작가 루쉰은 "명망 높은 학자와 이야기할 때는 군데군데 이해가 되지 않는 척할 필요가 있다. 너무 모르면 업신여김을 당하지만 너무 잘 알면 미움을 받는다. 군데군데 모르는 정도가 서로에게 가장 적합하다"고 말합니다. 모두 인터뷰의 속성을 꿰뚫어 보는 이야기입니다. 평론가들은 '이러이러한 의도로 이러이러한 장면을 이렇게 만드셨죠?'라는 질문을 해서 '네, 그렇지요'라는 대답을 듣는 경우가 많은데, 그런 경우 예술가로부터 직접 의견을 들을 수 있는 기회를 스스로 발로 차버리는 것과 같습니다.

미국 ABC 방송의 토크쇼 〈더뷰〉를 진행하다 85세의 나이로 은퇴한 바바라 월터스는 '내가 알고 싶은 게 뭘까? 일반인들이 궁금하게 생각하는 것은 무엇일까?'를 고민하면서 직접 질문지를 짜고, 섭외를 했다고 합니다. 우리네 신문사 대기자의 경우 대부분이 후배 기자들에게 인터뷰 질문지를 맡기고, 녹취 역시 맡기는 것으로 알고 있습니다.

故 구본준 기자는 『한국의 글쟁이들』에서 건축 저술가 임석재에 대해 이렇게 말합니다.

"임 교수는 '학자 저술가'의 전형을 보여준다. 학문적 글을 쓰는 저술가들에게 가장 중요한 것은 자료다. 문제는 이 자료라는 것이 남이 모아주면 쓸모가 없다는 점이다. 자신이 직접 분류, 정리한 자료라야 활용할 수 있는 것이다. 자료를 찾는 과정, 찾아서 평가하는 과정, 그리고 정리하고 보관하는 모든 단계가 공부이자 저술 활동의 연장선이기 때문이다. 모아야 할 자료의 양에는 제한선이 없다. 그러다 보니 학자 저술가들은 자신만의 도서관을 홀로 만드는 무지막지한 작업을 하게 된다. 얼마나 많은 자료에 투자하고 관리했느냐에 따라 저술의 양과 질이 바뀌기 때문에 모으고 또 모으게 된다."

이 이야기는 인터뷰에도 정확히 적용됩니다. 인터뷰이를 알기 위해 자료를 찾아보고, 질문지를 스스로 준비하는 과정이 중요한 이유는 이것입니다. 자료는 남이 모아주면 쓸모가 없는 경우가 많으니까요. 인터뷰이와 직접 대화를 나누는 과정에서 자신이 자료를 준비한 경우와 그렇지 않은 경우는 임기응변에서 차이가 날 수밖에 없습니다. 상대방을 이해하는 폭에서도 그렇죠. 그 사람에 대해서 누군가 브리핑해준 것을 읽고 온 것과 자신이 직접 파악해서 온 것은 분명 다를 수밖에 없습니다. 녹취를 풀고, 교정을 하는 모든 단계가 공부이자 인터뷰 활동의 연장선입니다. 그 과정에 얼마나 투자했느냐 하는 것에서, 시간이 지났을 때 차이를 나타내게 되겠지요.

세상에는 중립이 가능하다고 말하는 사람들이 있습니다. 마치 자신은 절대적이고 객관적인 기준을 가지고 있는 것처럼 말합니다. 하지만 그들 대부분은 중립적이지 않으며, 객관적이지도 않습니다. 사실 절대적인 객관성이란 가능하지 않을뿐더러 옳다고 볼 수도 없습니다. 미국의 좌파 지식인 하워드 진은 "왜 우리는 '객관성'을 그토록 소중히 여겨야 하는가? 의견이란 것이 마치 순수한 것인 양, 그 어떤 이해관계와도 관계가 없는 것인 양 말이다. 설령 우리의 생각을 혼란스럽게 만들지 모를 정보라 해도 숨기지 않는 것, 사실을 사실대로 우리가 보는 대로 말하는 것, 이런 의미의 객관성이라면 우리는 진정 객관적이길 원한다. 그렇지만 그 어떤 의견이 우리 시대의 사회적인 투쟁과 아무런 관련이 없다든가, 투쟁의 어느 편에도 가담해 있지 않은 듯 행세하는 것이 객관성이라면, 우리는 전혀 객관적이고 싶지 않다. 실제로 중립을 지킨다는 것은 불가능한 일이다. 이미 부와 권력이 특정한 방법으로 분배되고 특정한 방향으로 움직이고 있는 세계 속에서 중립을 지킨다는 것은 현 상태를 있는 그대로 받아들인다는 것을 뜻한다"고 말합니다.

하워드 진은 교묘하게 대중을 억압하는 사회 구조 속에서 중립을 지킨다는 것은 현 상태를 있는 그대로 받아들임으로써 결국은 사회를 개선하려는 사람들의 입지를 줄이는 역할을 하게 된다는 것을 지적하고 있는 것이죠. '모두 옳다. 그러니 두 사람의 의견 중에서 절충안을 찾아보자'는 중립도 있겠지만, '모두 옳지 않다. 모두 다 나쁜 놈들이다'라는 식으로 나만 정당하고 양심적이라고 하는 냉소적인 중립도 있을 수 있습니다.

정치에 무관심한 젊은 사람들이나, 그런 것을 쿨하다고 생각하는 사람들이 범하는 오류 중 하나입니다. '모두 나쁜 놈이다' 식의 냉소적인 비판 의식이 오히려 기득권의 잘못과는 무관심한 방향으로 나아가면서 자신이 관심이 있는 기득권에 비판적인 사람들에게 너무 가혹한 잣대를 들이대는 방향으로 흐를 수도 있다는 겁니다.

그럼으로써 그것은 비판적인 세력의 입지를 약화시키고, 결과적으로 현 상태를 유지하게 되는 데 본의 아니게 일조하게 됩니다. 어떤 사람은 세상을 단순화시켜서 말합니다. 세상은 그렇게 단순하게 해석될 수 있는 것은 아닐 것입니다. 사람 역시 마찬가지이며 사람 사이의 관계도 그렇게 단선적이지 않습니다.

故 신영복 선생은 『감옥으로부터의 사색』에서 "우리가 인식하거나 서술하려는 대상이 비교적 간단한 한 개의 사물이나 개인인 경우와는 달리 사회나 민족이나 한 시대를 대상으로 삼을 경우 그 어려움은 실로 막중한 것이 아닐 수 없다. 이럴 경우 필자의 관찰력이나 부지런함은 아무 소용이 없다. 사회·역사 의식이나 철학적 세계관에 기초한 과학적 사상 체계가 갖추어져 있지 않는 한, 아무리 많은 자료를 동원하고 아무리 해박한 지식을 구사한다 하더라도 결국은 코끼리 장님 꼴을 면치 못할 것이다"라고 말하면서 과학적 사고보다 더 중요하고, 결정적인 것은 바로 대상과 필자와의 관계라고 말하고 있습니다. 선생은 "대상과 자기가 애정의 젖줄로 연결되거나, 운명의 핏줄로 맺어짐이 없이 즉 대상과 필자의 혼연한 육화 없이 대상을 인식·서술할 수 있다는 환상, 이 환상이야말로 우리 시대에 범람하는 저널리즘이 양산해낸 특별한 형태의 오류이며, 기만"이라고

말합니다. 애정 없는 비판, 뚝 떨어져서 자신이 대상을 인식하고 서술할 수 있다는 환상을 가진 사람을 마주할 때면 도대체 저렇게 용감할 수 있는 이유가 뭔지 궁금해집니다.

정신과 전문의 정혜신은 저의 인터뷰에 대해 이렇게 이야기했습니다.

"그는 정확한 사실에 근거해 다양한 관점으로 한 인물에게 접근해 들어간다. 인터뷰이의 숨소리가 들리는 듯한 착각이 들 정도로 정교하고 사실적이다. 국민들을 공포에 떨게 하는 무자비한 독재자가 자신의 손녀에겐 더할 수 없이 인자한 할아버지인 것처럼 사람은 관계에 따라서 얼굴이 달라진다. 좋은 인터뷰어는 그런 다양한 관계에 따른 얼굴들을 하나로 종합하여 한 사람의 실체를 있는 그대로 드러내게 만든다. 지승호가 바로 그렇다. 그런 까닭에 인물론을 쓸 때 그의 인터뷰 기사는 내게 더없이 소중하고 우선적인 가치를 지닌다."

이처럼 인터뷰이를 관찰할 때에는 사람 사이의 관계를 주목하는 것이 좋습니다. 어떤 이에게는 악인인 사람이 어떤 이에게는 천사일 수 있는 것이 인간입니다. 인간관계를 주목하면 그 인물이 어떤 사람인지 입체적으로 알 수 있습니다. 세상에 완벽한 중립은 없습니다. 절대적이고 객관적인 기준 또한 존재하기 어렵죠. 그래서 인터뷰어는 다양한 '관계'에 주목해야 합니다.

PART 4

인터뷰는 섭외가 반이다

▶

인터뷰에서 가장 어려운 과정은 무엇일까요? 바로 섭외입니다.

영화는 캐스팅이 반이라고 합니다. 시나리오 속 캐릭터에 맞는 배우와 그것을 제대로 구현해낼 수 있는 스태프를 섭외하면 그 영화는 절반은 성공한 것이란 뜻이겠지요.

어쩌면 인터뷰도 캐스팅이 반 이상일지 모르겠습니다. 《조선일보》 기자 최보식이 쓴 『최보식의 우리시대 사람산책』에는 "나는 종종 '인터뷰에서 가장 어려운 점은 무엇인가?'라는 질문을 받아 왔다. 인터뷰는 독백이 아니다. 상대가 없는 인터뷰는 없다. 취재 상대를 인터뷰 자리로 끌어내지 못하면 인터뷰 자체가 성립되지 않는다. 간혹 그렇지 않은 경우도 있다. 상대로부터 인터뷰를 거절당한 과정을 묘사함으로써 그 상대를 드러내 보여줄 수도 있다. 하지만 그건 아무래도 예외적이다. 원하는 대상을 인터뷰 자리로 불러내느냐가 관건이다'라는 구절이 나옵니다.

그렇습니다. 인터뷰는 일단 인터뷰이를 불러내 자리에 앉혀야 성립될 수 있는 장르입니다. 그래서 섭외가 중요하죠. 물론 성공적인 인터뷰를 위해서 인터뷰어는 상대에게 무슨 이야기를 듣고자 하는지에 대한 뚜렷한 목적과 그 이야기를 끌어낼 수 있는 제반 지식을 갖추어야 할 것입니다.

누구나 섭외할 수 있고, 어디서나 들을 수 있는 이야기라면 인터뷰 기사로 큰 가치가 없겠지요. 자신만이 섭외할 수 있는 인터뷰 대상자를 적극적으로 발굴하거나, 영화나 만화, 인디 음악 등 특정 분야에 집중해서 그 분야에 특화된 인터뷰어로 인정받는다면 섭외는 조금 더 수월해질 겁니다.

최근 매체의 힘과 인터뷰어의 섭외력을 엿볼 수 있었던 기사는 《한겨레》 토요판에 연재되는 '이진순의 열림'입니다. 비교적 대중들에게 알려지지 않았던 효암학원 이사장 채현국 선생을 시대의 어른으로 재조명받게 한 인터뷰, 자신을 좀처럼 드러내고 싶지 않아 하는 김민기 선생을 지면으로 끌어낸 인터뷰 기사를 보면서 인터뷰어로서 부럽다는 생각을 많이 했습니다. 이처럼 기존 인터뷰 기사에서 쉽게 찾아볼 수 없었던 인터뷰 대상자를 발굴하는 것만으로도 그 인터뷰의 의미는 큽니다.

그러나 인터뷰 대상자를 발굴하는 데 있어, 본인이 매체에 속해 있지 않다고 해서 미리 절망할 필요는 없습니다. 힘 있는 매체가 오히려 걸림돌이 될 때도 있기 때문입니다. 이동진 평론가가 영화 〈가족의 탄생〉, 〈만추〉를 연출한 김태용 감독을 섭외하는 경우가 그랬다고 합니다.

이동진 평론가가 《조선일보》 기자로 있었을 때, 〈가족의 탄생〉을 보고 너무 좋아서 김태용 감독에게 인터뷰를 청했답니다. 아무래도 유력 일간지나 공중파 방송 같은 경우 인터뷰이를 섭외하기가 비교적 수월한 편인데도, 그 인터뷰는 거절당했습니다. 섭외 전화를 받은 김태용 감독이 "이동진 기자님은 좋아하지만, 조선일보 인터뷰는 좀 어려울 것 같습니다"라고 답했다고요. 김태용 감독의 경우 영화 스타일도 그렇고, 평소 정치적인 발언을 많이 하지 않는 편이었으니 매체로 인해 인터뷰를 거절당한 그의 충격은 컸을 테지요.

나중에 "혹시 그때의 경험이 이직을 결정하는 데 영향을 준 것 아니에요? 좋아하는 감독의 인터뷰를 할 수 없는 것 때문에……"라고 물어보니, 그는 "그런 면도 일부 작용했다"고 답했습니다.

● **소문을 내라**

고대 아테네 사람들은 몸이 아프면 광장에 서서 소문을 냈다고 합니다. 그러면 비슷한 병을 앓았던 사람들이 와서 조언을 해준다는 거지요. 소문을 낸다고 당사자의 귀에 들어가 인터뷰가 성사되는 경우는 드물지만, 저에게는 딱 한 번 그런 극적인 일이 일어났습니다. 《시사IN》 차형석 기자가 저를 인터뷰한 적이 있었는데요. 마지막 질문으로 앞으로 누구를 인터뷰하고 싶은가에 관한 질문을 받았습니다. 저는 "신해철 씨를 책 한 권을 엮을 수 있을 만큼 길게 인터뷰하고 싶다"고 답했죠.

며칠 후 거짓말같이 신해철 씨에게 전화가 왔습니다. 매니저를 통해서 연락해온 게 아니라 그가 직접 전화를 해서 하마터면 '당신이 신해철이면 난 서태지다'라는 인터넷 게시판식 댓글 반응을 보일 뻔했습니다. 다행히 얼마 전에 했던 《시사IN》 인터뷰가 번뜩 기억이 나서 느긋한 목소리로 통화를 마칠 수 있었죠.

"왜 전화하셨죠?" "책 한 권 같이 하자고요." "그럼 언제 만날까요?" "오늘 저녁 어떠세요?" 일은 일사천리로 진행이 되었고 제가 아끼는 인터뷰집 중 하나인 『신해철의 쾌변독설』이 출간되었습니다.

●   **자신을 충분히 소개하라**

인터뷰어가 소속된 매체가 있는 경우, 기자의 인지도가 높지 않더라도 "씨네21입니다, 경향신문입니다, 조선일보입니다"라고 매체 명을 대면 해당 매체에 대한 영향력이나 선호도에 따라 인터뷰이들이 인터뷰 여부를 결정하곤 합니다. 물론 스타 기자나 인터뷰어라면 그런 수식어가 불필요할지도 모르겠지만요.

하지만 대부분의 프리랜서 인터뷰어를 상대방이 알고 있을 확률은 아주 낮습니다. 때문에 충분히 설명하는 과정이 필요합니다. 저는 초기에는 《인터넷 한겨레》 하니리포터, 《우먼타임즈》 등 매체를 통해서 진중권, 김규항, 홍세화, 박노자, 한홍구 선생 등 주로 좌파 지식인들의 인터뷰를 많이 했습니다. 그러다 보니 서로 관심 있는 사람의 인터뷰 기사를 보시고는 흔쾌히 섭외에 응해주시는 경우가 많았지요.

감독 인터뷰집 시리즈의 첫 번째 책인 『감독, 열정을 말하다』 출간을 준비할 때는 섭외가 정말 어려웠습니다. 하지만 다음 책인 『영화, 감독을 말하다』는 상대적으로 섭외 과정이 순탄했습니다. 최동훈 감독에게 전화를 드렸을 때 "저는 『감독, 열정을 말하다』라는 책을 낸 사람인데요"라고 운을 떼자 "아, 그 책 봤어요. 언제쯤 하면 되죠?"라고 단번에 인터뷰 수락을 받았으니까요.

● 우직하게 기다려라

출판사 알마에서 인터뷰집 시리즈를 구상하면서 고심 끝에 첫 번째 인터뷰이를 공지영 작가로 정했습니다. 첫 번째 책이니 만큼 독자의 관심을 끌 수 있는 화제의 인물을 선택했을 겁니다. 당시 알마 정혜인 대표가 작가에게 출간을 제안했고, 한 달 후쯤 함께 식사를 하게 됐습니다. 어떻게 설득을 해야 할까 고민하면서 나갔는데, 공지영 작가는 이미 결심을 하고 나온 듯했습니다. 그날 첫 인터뷰를 하는 것으로 생각하고, 사진을 찍을 것을 감안해서 말끔하게 차려입고 나오셨던 것으로 기억합니다.

사실 섭외를 하는 과정에서 기다리는 시간이 길어지면서 '계약을 안 하려나 보다' 하는 생각을 했습니다. 많은 작가들이 작품으로 말하려 하고, 유명한 작가일수록 자신에 대해서 노출시키는 것을 꺼리는 법이니까요. 하지만 우직하게 기다렸고, 결국 함께 책을 만들게 되었습니다. 공지영 작가는 『괜찮다, 다 괜찮다』 서문에 이렇게 썼습니다.

"오랫동안 나는 고독했고 고통스러웠다. 하지만 그러한 시간들은 내게 눈물이 결코 하찮은 것이 아니라는 것을 가르쳐주었다. 고통은 나를 고립시키기 위해서가 아니라 세상의 모든 상처들과 내가 하나라는 것을 깨닫게 해주는 축복이라는 것도 알게 되었다. '말'은 치유와 창조만을 위해 쓰도록 만들어진 것이라는 사실도 받아들였다. 나는 이제 어리석은 나를 미워하지 않는다. 그건 내가 어리석은 나를 더 이상 미워하지 않게 되었기 때문이다. 그리하여 10년 동안 누가 알아주지 않아도 혼자서 묵묵히 인터뷰어의 길을 걸어온 어리석은 지승호 씨와 나는 기꺼이 많은 시간을 함께 보냈다."

● **종이 신문으로 사회를 보는 안목을 길러라**

특정한 사건이 발생했거나 사회적으로 큰 이슈가 생겼을 때, 누구에게 어떤 이야기를 들어야 하는지 알기 위해서는 평소에 사회적으로 중요한 이슈에 관한 정보를 놓치지 않고 따라가야 할 것입니다. 그러기 위해서는 고전이나 인문과학, 사회과학, 자연과학 서적을 읽어두는 것도 좋지만, 논조가 다른 신문을 각각 두어 개씩 정해서 종이 신문으로 매일 읽어두면 도움이 됩니다. 인터넷 신문과 달리 종이 신문은 편집 과정을 거치기 때문에 그 신문이 어떤 기사에 더 큰 비중을 두고 있는가를 알 수 있으며, 한 번 훑어보기만 해도 그날 어떠한 일들이 일어났는지 개략적으로 파악할 수 있습니다. 보수, 진보 신문을 둘 다 보라는 것은 균형 감각을 위해서 필요한 것이고요. 흥미로운 기사를 쓴 기자를 바로 인터뷰이로 선택해서 좀 더 자세한 이야기를 들어볼 수도 있을 것입니다. 요즘은 기사에 기자들의 이메일 주소를 공개하니 직접 이메일 인터뷰를 하거나 섭외 여부를 타진해볼 수도 있겠지요.

인터뷰하고자 하는 대상의 리스트를 수시로 작성해보는 것이 좋습니다. 새롭게 관심이 생긴 인물의 이름을 추가하고, 관심도가 낮아진 인물의 이름은 지워 리스트를 끊임없이 작성해보는 것이지요. 사안이나 분야를 구분해 각각의 목록을 작성해보는 작업을 통해서 사람과 세상에 대한 이해를 깊이 있게 만들 수 있습니다. 인터뷰 대상을 어떻게 섭외할지 미리 상상해보는 과정이 나중에 실제로 섭외할 때 도움이 되기도 했고요.

● 　　　　　　　　　　　　　　　　　　　　**포지셔닝하라**

저는 소속된 매체가 없어서 단행본을 매체로 택했습니다. 그게 어떤 면에서는 전화위복이 되어서 국내 최초의 전문 인터뷰어 내지는 전업 인터뷰어라는 캐릭터를 얻게 된 셈이지요. 그러다 보니 인터뷰 단행본 작업을 하면 제일 먼저 떠올리는 인터뷰어로 저만의 고유한 영역을 확보하게 되었습니다. 그래서 열다섯 번째 책인 『신해철의 쾌변독설』 출간 이후로는 인터뷰이 쪽에서 먼저 연락을 해오거나 출판사에서 부탁한 작업들을 주로 하게 되었습니다.

　공지영 작가, 故 김수행 교수, 박원순 서울시장, 배우 신성일, 김상곤 전 경기도 교육감, 박노자 교수, 서민 교수, 강신주 박사, 표창원 전 경찰대 교수, 정치평론가 고성국, 임수경 의원과 함께 한 인터뷰는 출판사의 의뢰로 진행되었고, 이상호 기자, 정동영 전 장관, 이

석연 변호사, 정유정 작가의 인터뷰는 인터뷰이의 요청이나 친분으로 성사되었습니다. 그 시간을 거치며 전문 인터뷰어로서 나름대로 성공적인 포지셔닝을 했지만, 이따금 초심을 잃은 것은 아닌가 하는 생각에 뒤돌아보게 됩니다. 앞으로는 좀 더 적극적으로 인터뷰이를 발굴해내는 작업을 해야 하지 않을까 하는 다짐을 해봅니다.

● **인터뷰이에게 직접 추천을 받아라**

저는 책 한 권 단위, 그러니까 단행본을 펴내는 인터뷰를 주로 하다 보니 이런 인터뷰 방법을 택하지는 않았는데요. 오프라인이나 온라인 매체에 연재를 하거나, 짧은 인터뷰를 계속 해야 할 때 좋은 방법이 있습니다. 인터뷰이에게 직접 추천을 받는 것입니다. 인터뷰가 끝나고 그 인터뷰이에게 다음 인터뷰이를 추천받고, 그렇게 계속 릴레이 식으로 인터뷰를 해나가는 거죠. 섭외에 엄청난 공을 들이지 않고 뜻밖의 매력을 가진 인터뷰이를 만나는 행운을 누릴 수 있습니다. 물론 그 반대의 경우도 있겠지만요.

● **홍보 시기를 노려라**

작가의 신작이 나오거나 감독이 새 영화를 만들고 나면 아무래도 공식적인 인터뷰를 많이 하게 됩니다. 다른 때보다 상대적으로 섭외하기 쉽겠지만, 심층 인터뷰를 하기는 어렵겠죠. 이때 성의 있는 인터뷰로 안면을 튼 후, 나중에 다시 한 번 섭외를 시도해보는 것도 좋습니다. 이전 인터뷰에서 인상적인 인터뷰를 했다면 다음에 다시 만났을 때는 처음 섭외하는 것보다는 쉬울 수 있으니까요.

●　　　　　　　　　　　　　　　　　　　　　　　**미래를 예측하라**

미래의 유망주와 미리 친분을 쌓아둔다면 나중에 섭외가 쉬울 수도 있겠죠. 저는 〈인디포럼 영화제〉나 〈서울독립영화제〉 같은 독립영화 행사에 자주 찾아갑니다. 규모가 큰 영화제와 달리 소규모 영화제는 관객들도 참여할 수 있는 뒤풀이 행사가 많이 있습니다. 그때 독립영화를 만든 감독이나 배우가 행사에 참석하는 경우가 많은데요. 그렇게 단편 혹은 독립 장편으로 시작한 감독과 배우가 나중에 스타로 성장하기도 합니다. 영화에 대한 순정이 있는 그들은 스타가 되고 나서도 아트시네마 같은 시네마테크나 예술영화 전용극장에서 진행하는 영화 행사에 자주 참석하니 그때를 노려봐도 좋을 거고요.

●　　　　　　　　　　　　　　　　　　　　　　**끈기 있게, 지속적으로**

손석희 앵커는 2004년에 처음 만났고, 그 후로 다시 만나지 못했습니다. 만나기 2년 전부터 인터뷰 섭외를 했습니다. 손석희 앵커가 "요즘은 너무 바빠 인터뷰를 하기 어려우니 6개월 후에 다시 전화를 주시죠"라고 하면 적어두었다가 진짜 6개월 후에 전화를 합니다. "이번에도 좀 어려운데요. 죄송합니다." 그리고 또 6개월 후에 전화한 끝에 2년여 만에 인터뷰가 성사됐습니다. 인터뷰를 하러 가는 도중 〈손석희의 시선집중〉 긴급 회의로 인해 인터뷰가 미뤄져서 어렵게 인터뷰를 하게 되었습니다.

그런데 사진작가와 스케줄과 맞지 않아 인터뷰를 하며 정작 사진 촬영을 하지 못했습니다. 그래서 사진 찍을 시간을 한 번 더 내어주십사 하고 연락을 드렸더니 "몇 월 며칠 몇 시 몇 분부터 몇 분까지 7분 정도 시간이 날 것 같습니다"라고 하시더군요. 10분도 아니라 7분이라니. 그렇게나 바쁘다는 사실에도 놀랐지만, 그의 철저한 시간 감각에 더 놀라워했던 기억이 납니다. 아마 손석희 앵커가 아니라 다른 사람이 그랬다면 '어머, 뭐야'라고 했을지도 모를 일이지요.

아무튼 그때 저는 '끈기 있게, 지속적으로' 인터뷰이에게 다가섰습니다. 그를 만나기까지 2년이 걸렸습니다.

● **때로는 무모하고, 당돌하게**

2000년대 초반 강준만 교수는 인터뷰를 하지 않기로 유명한 분이었죠. 저는 세 번의 실패 끝에 강준만 교수와 인터뷰할 수 있었습니다. 제 기억으로는 2003년 3월 1일 새벽 4시에 인터뷰 승낙을 받았는데요. 얼굴을 보면 마음이 약해져서 잘 거절하지 못하신다는 이야기를 듣고 2001년에 무작정 전북대학교로 찾아갔지만, 학교에 안 계신다는 말만 듣고 발걸음을 돌려야 했습니다. 2002년에 《한겨레》와의 인터뷰 기사를 본 후, 다시 한 번 전주에 있는 강연장에 찾아가서 인터뷰를 요청했지만 거절당했죠. 그리고 2003년 《오마이뉴스》 인터뷰 기사를 본 후 조만간 꼭 한 번 다시 요청드려야겠다는 결심을 굳혔습니다. 다른 매체의 인터뷰를 보면서 '어렵게 기회를 잡았을 텐데, 왜 저렇게밖에 못할까' 하는 아쉬움이 컸기 때문이지요(지금은 생각이 바뀌었습니다. 인터뷰가 쉬운 게 아니란 걸 뒤늦게 깨달았죠).

그 무렵 부산에서 개혁국민정당과 부산 인사모(월간 《인물과 사상》을 사랑하는 사람들의 모임) 공동 주최로 강준만 교수 강연회가 열린다는 소식을 듣고, 왠지 이번 기회를 놓치면 영영 기회가 없을 것 같다는 생각이 들었습니다. 그래서 하룻밤을 꼬박 새우고, 그다음 날까지 인터뷰 질문 100개를 작성했습니다. '아, 이건 너무 바보 같은 질문이야', '이걸 어떻게 물어봐야 좀 더 재미있는 대답이 나올까?'

부산으로 내려가 강연을 들은 후, 뒤풀이 장소에서 슬쩍 '시간 좀 내달라'고 부탁을 했지만 또 한 번 난색을 표해서서 고민하던 중 서울·경기 인사모의 회장이 강준만 교수를 전주까지 차로 모셔다드리기로 했다는 말을 듣고, 문득 인터뷰를 성사시킬 수 있을 것 같다는 생각이 스쳤습니다. 얼굴을 마주쳤을 때 거절하기 힘들어하시니까 차를 같이 타고 가면 불편한 그 상황을 견디기 힘들어서라도 인터뷰에 응해줄 것이라고 봤기 때문입니다. 그래도 승낙은 받아야 될 것 같아 계속 설득했고, 결국 새벽 4시에야 구두 승낙을 받을 수 있었죠.

그런데 아침에 일어나 보니, 강준만 교수는 못내 인터뷰가 부담스러운지 한사코 고속버스를 타고 가겠다고 했습니다. 어렵게 설득을 해서 함께 차에 올랐고 그때부터 인터뷰가 끝날 때까지 조금도 긴장을 늦출 수 없었습니다. 처음에는 제대로 된 인터뷰 한번 해보자는 생각이었는데, 시간이 점점 흐르면서 인터뷰를 할 수만 있으면 좋겠다는 생각으로 바뀌었습니다.

부산에서 전주까지 가는 차 안에서 이루어진 인터뷰는 비교적 만족스러웠습니다. 하지만 돌이켜보니 제가 인터뷰이를 너무 배려하느라 더 완성도 있는 인터뷰로 이끌지 못했다는 생각이 듭니다. 무모하고 당돌해 보일지라도 조금 더 집요하게 물고 늘어져 더 길고 깊은 인터뷰를 해야 했다는 아쉬움도 남습니다. 기왕 하는 인터뷰라면 충실하게 기록하는 것이 인터뷰이를 위해서도, 인터뷰어를 위해서도 좋았을 테니 말입니다.

●   **감동시켜라**

『이끼』, 『미생』, 『파인』 등을 그린 만화가 윤태호는 작품 연재하랴, 학교에 강연하러 가랴, 자신이 관여한 만화 기획사의 일을 처리하랴, 거의 이틀에 한 번꼴로 잠을 잔다고 합니다. 그렇게 바쁘니 인터뷰 요청은 대개 거절할 수밖에 없겠죠. 그런데 인터뷰를 요청했던 어떤 학생들이 그의 화실에 '미생 팬 100명의 인터뷰를 담은 스크랩'을 남겨두고 갔다고 합니다. 이런 사람들과 어떻게 인터뷰를 하지 않을 수 있을까요? 윤태호 작가는 당연히 인터뷰를 수락했습니다.

분야는 다르지만 봉준호 감독은 영화 〈플란다스의 개〉를 준비할 때 배우 변희봉을 캐스팅하기 위해 이전 출연작 〈수사반장〉에서 범인으로 나온 장면까지 다 기억해서 재현했다고 합니다. 변희봉 선생은 그즈음 연기를 그만둘 생각을 하고 있었고, 새카만 후배 감독이 만나자고 하니 만나서 거절하자는 심정으로 나왔다고 하지요. 그런데 자신이 나온 장면을 하나하나 재현하는 것을 보고 감동해 "어떻게 그걸 다 기억해?"라고 되묻고는 바로 출연을 결정했습니다. 그 이후 변희봉 선생은 연기자로서 제2의 전성기를 맞았지요.

●   **장소 섭외의 중요성**

매체 인터뷰의 경우 방송사 스튜디오나 신문사 인터뷰 룸으로 인터뷰이를 초대해서 인터뷰와 사진 촬영을 동시에 할 수 있겠지만, 프리랜서 인터뷰어의 경우 그렇게 하기 어렵습니다. 이럴 때 인터뷰이가 원하는 장소가 있다면 그쪽으로 가는 것이 가장 좋은 방법이겠지요. 본인의 집필실이나 사무 공간에서 인터뷰할 경우 인터뷰이에게 익숙한 환경이다 보니 보다 편하고 솔직하게 말하게 되는 것 같고요. 덤으로 인터뷰이의 작업 환경, 취향이나 성격, 읽는 책 등을 알 수도 있습니다. 다만 허락 없이 이것저것 만져보는 일은 하지 말아야 합니다. 인터뷰 분위기가 험악해질 수도 있고, 인터뷰가 그 순간 끝날 수도 있습니다.

반대로 인터뷰이가 본인의 공간에서 인터뷰하는 것을 부담스러워 하는 경우도 있습니다. 이럴 때는 대체로 인터뷰이가 지역만 정해주고 인터뷰어에게 장소를 정하라고 하는데요. 그 지역의 조용한 카페를 검색해보고 찾아가거나 모임 전문 공간을 이용하는 것도 좋습니다. 음악 소리가 크지 않고, 사람들이 많지 않은 곳을 평소에 미리 알아두면 좋겠지요.

특히 요즘은 흡연할 수 있는 공간이 많지 않습니다. 영화감독 양익준 인터뷰의 경우 담배를 피울 장소를 찾아서 서너 번 장소를 이동한 적이 있습니다. 좋지 않았던 자신의 과거를 회상해서 공개적으로 말하는 것은 생각보다 훨씬 고통스러운 일입니다. 그럴 때 흡연자들은 담배를 피우며 인터뷰를 이어가기를 원하기도 하는데, 담배를 아예 피울 수 없는 환경이라면 인터뷰를 멈추고 장소를 이동해야 하는 상황이 벌어집니다. 그러니 담배 때문에 인터뷰의 흐름이 끊길 가능성이 있다면, 처음부터 담배를 피울 수 있는 장소를 섭외하는 편이 좋겠지요.

산전수전 공중전까지 다 겪은 이상호 기자조차도 자신의 과거를 털어놓던 날에는 "형, 분위기 있는 카페에 가서 얘기하자"고 했다가 10여 분 후 "여긴 음악 소리가 너무 크다. 미안한데 다른 데 가자"고 해서 다시 장소를 옮긴 후에 "여긴 너무 사람이 많아"라고 해서 카페를 서너 군데 정도 전전한 날이 있었습니다. 예민한 얘기를 털어놓을 때 인터뷰이는 극도로 예민해집니다. 그러니 인터뷰이가 안정감을 얻을 수 있는 장소를 찾아내야겠죠.

단, 상대방의 솔직한 얘기를 끌어내기 위해서 하는 음주 인터뷰는 권장하고 싶지 않습니다. 인터뷰 시간이 길어질 경우 서로 집중력이 떨어질 뿐 아니라 술에 취한 자신의 목소리를 녹음기로 다시 들어야만 하는 형벌을 감수해야 하니까요.

신문사, 라디오나 팟캐스트 녹음 부스를 찾아온 인터뷰이는 적진에 온 듯 긴장할 수 있습니다. 물론 베테랑들이야 장소가 어디든 크게 개의치 않겠지만, 인터뷰를 많이 해보지 않은 인터뷰이라면 긴장하겠죠. 그러면 사전에 날씨나 근황 같은 가벼운 대화로 인터뷰이의 긴장을 풀어주는 것도 인터뷰어의 몫입니다.

● **누구를 인터뷰할 것인가**

김규항 선생은 "한국은 훌륭한 사람들이 5년 단위로 죽어나가기 때문에 인터뷰할 만한 사람이 부족하다"는 말을 한 적이 있습니다. 절반은 동의하고 절반은 동의할 수 없는 이야기입니다. 유명하거나 훌륭한 사람의 인터뷰 기록만이 남겨야 할 가치가 있는 것은 아니니까요.

그렇다면 훌륭한 사람의 기준은 어디에 있고, 또 우리는 누구를 인터뷰해야 할까요? 앞서 인용한 오리아나 팔라치의 말처럼 역사적 인물들의 기록이 많이 남아 있다면 역사를 기억하고 해석하기가 훨씬 쉬울 것입니다. 故 김대중 전 대통령 같은 인물들은 스스로 회고록을 남겨두기도 했지만, 많은 인물들이 아무런 기록을 남기지 않고 생을 마감합니다.

그런 사람들을 인터뷰의 장, 기록의 장으로 끌어내는 것인 만큼 섭외의 중요성은 몇 번을 강조해도 부족할 것 같습니다. 섭외는 수많은 실패와 좌절과 함께 합니다. 그럴 때는 "가끔 실패하지 않는다면 언제나 안이하게만 산다는 증거"라는 영화감독 우디 앨런의 말로 위안을 삼아야겠죠.

소설가 오에 겐자부로는 "대화를 나누기에 재미있는 사람은 딱 세 종류뿐이다. 많은 것에 대해서 다방면으로 아는 사람, 새로운 세상에 다녀온 사람, 혹은 뭔가 기이하거나 무서운 일을 겪어본 사람이다"라고 했습니다. 이는 인터뷰이의 조건에도 해당되는 말인 것 같습니다. 그의 경험이나 생각이 특이한가, 새로운가, 중요한가, 흥미로운가, 시의성이 있나 등이 인터뷰 대상을 고려하는 조건이 될 수 있겠죠. 자, 그럼 당신은 누구를 인터뷰할 건가요?

PART 5

인터뷰어는
질문하는 사람이다

▶

아인슈타인은 "나한테는 특별한 재능이 없다네. 다만 지독하게
호기심이 많을 뿐이지"라는 말과 함께 "질문이 정답보다 중요하다.
곧 죽을 상황에 처했고, 목숨을 구할 방법을 단 한 시간 만에 찾아야
한다면 한 시간 중 55분은 올바른 질문을 찾는 데 사용하겠다.
올바른 질문을 찾고 나면 정답을 찾는 데는 5분도 걸리지 않을
것이다"라는 질문의 힘에 관한 중요한 격언을 남겼습니다. 소크라테스
역시 "인간의 탁월함을 가장 훌륭하게 드러내는 방식은 자신과
타인에게 질문을 던지는 것이다. 믿기지 않겠지만, 인간이 지닌 최고의
탁월함은 자기 자신과 타인에게 질문하는 능력이다"라는 말을 남겼을
정도이니 모든 철학적 사유에 있어서 '자기 자신과 타인에게 질문하는
능력'만큼 중요한 것은 없겠지요.
인터뷰어는 사전 준비를 통해 '질문하는 사람'으로서의 역할에
충실해야 합니다. 때로는 질문을 바꾸어보고, 때로는 스스로에게
질문을 던져보며 준비하는 모든 과정 자체가 좋은 공부가 될 것입니다.

저는 늘 종이와 볼펜을 가지고 다닙니다. 드라마 〈연애시대〉, 〈운명처럼 널 사랑해〉의 제작 피디 오남석은 저에게 "대한민국에서 한화 이글스 김성근 감독과 형이 제일 메모를 많이 하는 것 같아"라고 반농담조로 말한 적이 있습니다.

뭘 적느냐고요? 그날 있었던 여러 가지 일에 대해 적고, 만난 사람도 적고, 뭘 먹었는지도 적고, 갑자기 떠오르는 아이디어도 적습니다. 갑자기 떠오른 아이디어는 지나고 나면 어젯밤에 쓴 연애편지처럼 유치해 보일 때도 있지만, '이건 한번 발전시켜볼 만한 아이디어인데' 하는 생각이 들 때도 있습니다. 그런데 그것을 바로 적어놓지 않으면 그 생각이 영영 휘발되어 사라지기도 하죠. 자다 깨서 어떤 생각들이 불현듯 떠올랐는데, '세수하고 정리해야지' 하고 나면 영영 기억나지 않는 경험을 누구나 여러 번 해보았을 듯합니다. '아, 아까 끝내주는 생각이 떠올랐었는데' 하면서 답답해 미칠 것 같던 경험 말입니다.

그래서 때와 장소를 가리지 않고 어떤 생각이 떠오르면 바로 적어두는 편입니다. 목욕할 때나 술을 마실 때, 이동하는 버스 안 그리고 침대 머리맡에도 늘 메모지를 챙겨 가지고 있습니다. 실제로 작가들 중에는 메모하는 습관을 가진 사람들이 많습니다.

요즘은 메모를 할 수단이 많으니 꼭 종이가 아니어도 되겠지요. 이면지, 다이어리뿐만 아니라 휴대폰 메모장, 녹음기를 사용하거나 이미지로 기록할 것이 있으면 사진 촬영을 해도 좋을 것 같습니다. 스마트폰 하나만 있으면 모든 것이 다 해결되는 셈이네요. 이동 시 언제든 글을 쓸 수 있게 블루투스 키보드를 장만하는 것도 좋은 방법일 것 같고요. 시시때때로 기록해둔 사소한 메모는 훗날 인터뷰를 준비하는 데 훌륭한 재료가 되어주기도 합니다. 그렇기에 메모란 일종의 사전 준비입니다.

한국의 쟁쟁한 글쟁이들 열여덟 명을 만난 故 구본준 기자는 "실제 글쟁이들 상당수가 메모광이다. 아무리 뛰어난 머리도 잉크를 따라가지 못한다. 글쟁이에게 메모보다 좋은 무기는 없다"라고 말했습니다. 당장 어떤 사람을 인터뷰하지 않더라도 그때그때 떠오르는 질문을 메모해두었다가 질문 파일로 정리해둔다면 언젠가 그를 인터뷰하게 될 때 큰 도움이 될 것입니다.

김탁환 작가는 "소설을 읽고 독후감을 적듯, 여러분도 영화나 드라마나 뮤지컬이나 연극을 감상한 후에 꼭 소감을 남기시라 권해드립니다. 작가는 꼭 되새김질을 해야 하는 쌍봉낙타를 닮았는지도 모르겠습니다"라고 했습니다. 온라인 서점 알라딘에서 서평을 쓰던 많은 알라디너들이 작가가 된 것을 보면, 독후감의 중요성을 알 수 있을 듯합니다. 사람을 만나고 나서도 그에 대한 인상기를 남겨두는 것은 기록이나 기억의 측면에서도 중요하지만, 그 과정을 통해 사람을 더 이해할 수 있는 계기가 되지 않을까 싶네요.

● **질문은 답보다 더 중요하다**

현대 경영학의 구루로 불리는 미국의 경영학자 피터 드러커는 "과거의 리더는 지시하는 사람이었지만, 미래의 리더는 질문하는 사람이 될 것이다"라고 했습니다. 질문의 중요성에 대해서 이야기를 한 사람들은 셀 수도 없이 많이 있습니다. 철학자 프랜시스 베이컨은 "질문으로 파고든 사람은 이미 그 문제의 해답을 반쯤 얻은 것과 같다"는 말을 남겼고, 볼테르는 "사람을 판단하려면 그의 답이 아니라 질문을 보라"는 말을 했습니다.

시인 정제원은 『작가처럼 써라』에서 "소위 문답 형식의 글에서 우리는 답(答)보다는 문(問)에 주목해야 한다. (…) 인류 문명의 진보란 것이 있다면, 그 진보는 바로 자연스럽다고 믿었던 사실에 대해 물음표를 던지는 사람들에 의한 것임이 틀림없다. 당연히 진보적인 글을 쓰려면, 도입 단락에서 질문을 던져야 한다. 그 질문이 창의적이기만 하다면, 그에 대한 답은 엉터리여도 좋다. 더 합리적인 답이 등장하기를 기다릴 수 있다는 것이야말로 커다란 진보이기 때문이다"라고 합니다. 그리고 질문 던지기에 대해 이렇게 말합니다.

"다시 한 번 말하지만 답을 걱정하지 말고 질문에만 신경 쓰면 된다. 두 눈을 치켜뜨고 세상에 흔해 빠진 편견들을 둘러보라. 그리고 질문을 던져보라. 왜 자식은 부모의 결정에 의해 태어나야 하는가? 왜 전화요금을 개인이 부담하는가? 왜 선거권은 무료로 가지는가? 왜 언론은 돈을 받고 광고를 하는가? 왜 국가는 담배를 파는가? 예는 그만 들도록 하자. 이쯤 되면 글쓰기 초심자들의 문제는, 멋진 질문을 하지 못하는 것이 아니라, 좋은 답을 내놓지 못할까봐 지레 겁을 먹고 질문하지 않는 데 있다고 해야 할 것이다."

질문을 잘하기 위해서는 테마에 대한 풍부한 상상력이 뒷받침되어야 하지만, 그렇다고 해서 지레 겁을 먹고 질문하지 않는 우를 범하지 말라는 이야기겠지요. '이런 질문을 하면 바보 같다는 얘길

들을 거야'라고 해서 질문하지 않는 사람은 결국 답을 얻을 수 없고, 지식 또는 상상력을 발휘할 수 있는 능력도 향상될 수 없습니다.

김혜리 기자는 질문지를 작성한 후에 "인터뷰이가 내게 어떤 질문을 듣고 싶어 할지를 상상한다"고 합니다. 저는 그처럼 낭만적이진 않지만, 인터뷰 질문지를 작성하는 과정 또는 작성한 후 어떤 대화가 더 재미있을까를 상상해보곤 합니다. 재능 있는 자는 노력하는 자를 이길 수 없고, 노력하는 자는 즐기는 자를 이길 수 없다는 상투적인 표현이 여전히 통용되는 이유가 있을 겁니다. 하긴 '즐기는 자는 이기려고 하지 않는다'는 더 멋진 표현도 있긴 하지만요.

● **상대의 마음을 여는 나만의 질문 방식**

예전에 비숍이라는 분이 온라인에 남긴 서평입니다.

"지승호가 '당신'을 인터뷰한다고 가정해보자. 지승호는 '당신'의 블로그에 들어가 첫 번째 글부터 마지막 글까지 모두 읽을 것이다. 또한 '당신'이 방문자들의 글에 남긴 댓글 하나하나까지 빼놓지 않을 것이며 '당신'이 이제껏 바꾼 메인 화면의 사진들이나 문구의 의미까지 해석하려 할 것이다. 더불어 '당신'과 친한 관계에 있는 이들의 블로그까지 찾아가 '당신'이 어떤 내용의 방문자 글을 남겼는지 확인해볼 것이다. 농담 같은가? 누가 이렇게 하겠는가 싶은가? 하지만 『7인 7색』을 보면 지승호는 정말 그런다는 것을 알 수 있다. 지승호는 인터뷰이들에게 요즘 쟁점이 되는 문제만 던지지 않는다. 던지기는 던지되, 과거에 했던 말들, 예컨대 어디에서 했던 강연이나 어느 신문에 썼던 글이나 인터뷰에서 했던 발언 등을 토대로 '과거에 이렇게 말했는데 오늘은 어떻게 생각하느냐'고 묻는다. 또한 그 변화가 어떤 의미인지를 분석하고 인터뷰이의 언행에 대한 비판 의견들까지 쫓아 그것에 대해서는 어떻게 생각하는지 묻는다. 어떤가? 이만하면 그의 우직함이 느껴지지 않는가? 이러니 인터뷰를 보고 나면 오랫동안 알고 지낸 것 같다는 착각이 들지 않겠는가? 지승호의 인터뷰, 정말 뿌듯하다!"

저와 인터뷰집 『서민의 기생충 같은 이야기』를 펴낸 서민 교수는 에필로그를 통해 "인터뷰집이 내 생각보다 훨씬 멋진 작품이 된 것은 내가 블로그에 쓴 글은 물론이고 무심코 달았던 댓글까지 꼼꼼히 살펴준 그의 성실성 덕분이지만, 오랜 기간 비밀로 간직했던 이야기까지 술술 할 수 있었던 건 소심함에서 그와 죽이 잘 맞았던 덕분이다"라고 했습니다.

웬 자랑이 이렇게 기냐고요? 자랑이 아닙니다. 그저 제가 누군가를 만나 이야기를 하려면 그렇게 준비를 해야만 이야기를 할 수 있는 성격을 가진 사람이기에 그럴 뿐입니다. 저는 인터뷰를 하기 전에 그 사람에 대한 자료를 샅샅이 찾아보고 숙지하고 가지만, 누군가는 이런 방식을 비효율적이라고 느낄 수도 있습니다.

손석희 앵커는 "너무 많이 알고 인터뷰를 하면 인터뷰가 식상해질 수도 있다"라고 말한 적이 있는데요. 실제로 상대방에 대해 너무 많이 알면 안정감은 있는 반면, 긴장감이나 파격 같은 것이 줄어들 수도 있을 겁니다.

세계 3대 기타리스트 중 한 명인 지미 페이지는 신곡을 쓴 후 자신의 성에 틀어박혀 곡이 몸에 익을 때까지 연습에 연습을 거듭

한다고 합니다. 반면 또 한 명의 3대 기타리스트로 평가받는 제프 벡은 연습을 너무 많이 하게 되면 그 음악에 대한 신비감이 떨어져 그다지 연습을 많이 하지 않는다고 하지요. 그러니 각자 자신의 방식으로 질문과 인터뷰를 준비하면 됩니다.

김탁환 작가는 회상록이나 역사 소설을 쓰는 방법에 대해 『하드리아누스의 회상록』을 인용해 "모든 것을 배울 것, 모두 읽을 것, 온갖 것의 정보를 수집할 것. 2세기의 텍스트를 2세기의 눈으로, 2세기의 영혼으로 2세기의 감각들로 읽도록 노력할 것"이라고 말하면서 다음과 같이 덧붙입니다. "바로 이 경지에 도달할 필요가 있습니다. 일단 그 인물이 남긴 글을 다 읽고, 그 인물과 동시대에 살면서 교유했던 이들의 글을 읽고, 교유는 하지 않았더라도 동시대인의 글을 찾아 읽고, 그 시대를 총괄적으로 기술한 역사서를 읽고, 또 그 인물에 대한 전문적인 연구 성과들을 읽어나가는 것이지요. 이렇게 자료의 숲을 헤매다 보면, 점점 그 인물을 이해하게 되고 그 인물의 얼굴과 목소리를 떠올릴 수 있습니다. 그리하여 어느 순간이 오면, 내가 이야기하는 것인지 그 인물이 이야기하는 것인지 헷갈리는 접신의 순간을 맞이하는 것이겠지요. 이 접신의 순간을 앞당기기 위해서는 자료를 충분히 읽은 후 그 인물과 사건의 현장으로 가야겠지요."

저는 인터뷰를 할 때 이런 경지에 이르고자 노력해왔지만, 늘 부족함을 느꼈습니다. 그 사람에게 빙의될 정도로 자료를 읽고 질문지를 작성하고, 가서 만나려고 노력했습니다. 그런 준비를 통해 마음을 열게 된 한 분이 바로 배우 오지혜 씨입니다. 그분이 진행하는 라디오 프로그램에 출연해서 인터뷰이의 마음을 여는 방법에 대해서 이런 이야기를 나눴습니다.

오지혜(이하 오) - 아무리 길게 물어봐도 단답형으로 질문하는 인터뷰이의 경우 어떻게 하세요?

지승호(이하 지) - 그런 분들이 아무래도 힘들긴 하죠. 열심히 준비해왔는데, 짧게 대답하거나 시니컬하게 대답하고 끝내시면 굉장히 힘든데요. 그걸 극복하려면 더 많은 공부와 다양한 질문을 준비해가는 수밖에 없는 것 같아요. 분위기가 어색하면 인터뷰 대상자가 흥미를 가질 만한 다른 질문으로 빨리 전환하든가 해야겠죠. 얘기를 안 하는 걸 패서 얘기하게 할 수도 없잖아요.(웃음)

오 - 준비를 많이 해왔다고 해도, 진행되는 분위기가 썰렁하거나 하면 그 사람 마음을 열기 위해서 개그맨 수준으로 해야 될 때도 있잖아요. '내가 너를 이만큼 좋아하고, 솔직한 마음으로 왔다'는 것을 어떤 방식으로 알려주세요?

지 - 저 같은 경우에는 그런 게 부족하기 때문에 얘기를 쭉 해나가면서 '아, 이 친구가 나에 대해서 굉장히 많은 생각을 하고 왔구나' 하고 느끼게 만드는 수밖에 없는 것 같아요.

오 - 제가 이 질문을 왜 드렸냐 하면 저도 지승호 씨에게 인터뷰를 당한 사람 중의 하나인데요. 저도 배우 생활 15년을 하면서 인터뷰를 참 많이 했잖아요. 물론 지승호 씨가 말재주도 없으시고, 재밌게도 못해주세요.(웃음) 근데 뭐에 확 마음이 열렸냐 하면요. 상상을 초월하는, 저보다 저를 더 잘 알고 오셨더라고요. 무서울 정도로 오지혜보다 오지혜를 더 잘 알 정도로 공부를 해오시니까, 20년 된 친구보다 더 나를 잘 아니까 술술 마음을 열 수밖에 없는 그런 힘이 지승호 씨한테 있는 것 같아요.

때로는 질문을 하나만 준비해서 인터뷰를 하는 것이 효율적일 수 있고, 인터뷰 훈련에 도움이 될 것 같기도 합니다. 일본의 전문 인터뷰어 아가와 사와코는 『듣는 힘』에서 어느 아나운서의 말을 인용해 "인터뷰할 때 질문은 하나만 준비하라"고 합니다. 그 아나운서는 이렇게 말했다고 하네요.

"질문을 하나만 준비하면 그다음 질문은 당연히 그 자리에서 생각해야 한다. 다음 질문에 대한 힌트는 어디에 있을까. 바로 첫 질문의 대답 속에 있다. 그렇다면 인터뷰어는 상대의 이야기에 집중할 수밖에 없다."

옳은 말이지만 이것은 어느 정도 훈련이 된 인터뷰어에게 해당되는 말입니다. 초보자가 아주 중요한 인터뷰를 이런 자세로 임하게 되면 그 결과는 불 보듯 뻔할 테지요.

●   **편견을 버려라**

『작가란 무엇인가 2』 오에 겐자부로 인터뷰 편에는 이런 이야기가 나옵니다.

"이탈리아를 방문했을 때 라디오 인터뷰를 했는데, 인터뷰어가 단테에 대해서 묻더군요. 저는 단테의 『신곡』이 여전히 세상을 구원할 수 있다고 믿습니다. 그 인터뷰어는 일본인은 절대로 단테의 언어가 갖는 음악성을 잡아낼 수 없을 거라고 단언하더군요. '그렇습니다. 완벽하게는 잡아낼 수 없지요. 하지만 단테의 목소리가 갖는 어떤 측면을 이해할 수 있습니다'라고 대답했습니다. 인터뷰어는 화가 나서 그건 가능하지 않다고 말했습니다. 단테를 암송해보라고 요구하더군요. 저는 아마 「연옥」 편의 첫 부분 열다섯 줄 정도를 암송했을 겁니다. 그는 녹음을 멈추더니 '그건 이탈리아어가 아니에요. 그렇지만 당신은 그렇게 믿는 것 같군요'라고 하더군요."

인터뷰어의 무례한 행동에 저절로 눈살이 찌푸려집니다. 일본인은 절대로 단테의 언어가 갖는 음악성을 잡아낼 수 없을 것이라는 인종적 편견을 가지고 인터뷰에 임했을 뿐만 아니라 녹음을 멈추는 실례까지 저질렀군요. 굳이 그 이야기를 꺼내고 싶었다면 "일부 사람들은 '일본인은 절대 단테의 언어가 갖는 음악성을 잡아낼 수 없다'고 단언하는데요. 그 말에 대해서 어떻게 생각하십니까? 그리고 실례가 되지 않는다면 『신곡』의 한 구절을 암송해주실 수 있으신지요?"라고 물었으면 어떨까 싶습니다. 그리고 암송을 요구했다면 그것을 끝까지 듣고, 거기에 대한 판단은 다른 사람들이 할 수 있게 했으면 어떨까요?

인터뷰를 하러 가서 설마 그럴까 싶지만, 자신이 살아온 환경이나 자신에게 지속적으로 주입된 생각들을 당연시해 질문을 던지지 않고 살아왔다면 그러기가 십상입니다. 만약 독실한 기독교 신자이며 호모 포비아적 성향을 가진 사람이 동성애 인권 운동을 하는 분을 인터뷰한다면 어떤 결과가 나올지 뻔하겠지요. 그래서 인터뷰를 할 때는 상대방에 대한 충분한 배경지식을 쌓는 것 못지않게 상대를 이해하려는 노력이 필요합니다. 질문 역시 최대한 예의 바르게 해야 하고요. 상대방이 쓰는 용어에 대한 이해는 필수이고, 되도록 그

용어를 사용해서 질문을 던져야겠지요.

데일 카네기의 『성공대화론』에는 이런 대목이 나옵니다.

"'아니다'의 반응은 가장 극복하기 어려운 장애이다. 사람이 '아니요'라고 말하면, 그는 자존심 때문에 그 입장을 굽히지 않을 것이다. 나중에 그는 자신의 '아니요'가 잘못됐다고 생각할 수도 있지만, 그의 자존심 때문에 한 번 말한 사실을 고수할 것이다. 따라서 처음에 사람이 긍정적인 방향으로 갈 수 있도록 이끄는 것은 매우 중요하다. 뛰어난 연설가는 처음부터 '예'라는 반응을 이끌어낸다. 그렇게 해서 그는 청중들의 심리를 긍정적인 방향으로 움직이게 만드는 것이다. 그것은 당구공의 움직임과 같다. 처음에 공을 한쪽 방향으로 움직이게 하면 다른 방향으로 움직이는데 힘이 필요하고, 다시 반대 방향으로 오게 하는 것은 더 큰 힘을 요구한다. 여기서 심리적인 패턴은 꽤 명백하다. 사람이 '아니요'라고 말하고 또 그렇게 생각한다면, 그는 말하는 것 이상의 큰일을 하는 것이다. 그의 전체 조직인 기관, 신경, 근육이 모여서 거부 모드로 바뀌는 것이다. 반대로 사람이 '예'라고 답한다면 이런 긴장은 일어나지 않는다. 몸 전체의 조직은 앞으로 움직이고 수용적이며 개방적인 태도를 갖는다. 따라서 처음에 긍정적인 반응을 많이 이끌어낼 수 있도록 우리의 궁극적인 제안이 청중의 관심을 얻을 수 있는 확률이 높아진다. 긍정적인 반응을 유도하는 것이 아주 단순한 방법이지만 너무 사소한 것으로 여겨진다. 사람들은 처음에 적대적으로 행동하면 다른 사람에게 대단한 존재로 보일 것이란 착각을 한다. 급진주의자는 보수주의적인 동료들과 함께 있으면 상대방을 화나게 한다. 그렇게 해서 그가 얻는 것은 무엇인가? 만일 그가 자신의 즐거움을 얻기 위해서라면 용서가 될 것이다. 하지만 만일 무엇인가 얻길 바란다면, 그는 심리적으로 어리석은 사람이다. 처음에 학생이나 고객, 어린이, 남편, 아내 등 상대방이 '아니요'라는 말을 하고, 그 부정적인 대답을 다시 '예'라고 되돌리게 하는 데는 천사의 지혜와 인내가 필요하다."

이처럼 첫 질문에서부터 꼬이면 그 분위기를 회복하는 데는 몇 배의 힘이 필요합니다. 그래서 첫 질문을 신중하게 해야 하는 것이겠지요.

에이브러햄 링컨은 "내가 논쟁을 시작해서 이기는 방법은 먼저 공통의 합의점을 찾는 것이다"라고 했는데, 심지어 노예제도라는 굉장히 민감한 문제를 논쟁할 때도 그 합의점을 찾아냈다고 합니다. 링컨은 처음에 '예'라는 반응을 얻기 위해 공통의 의견으로 시작해서 누구나 동의할 수 있게 한 후 차츰차츰 설득해나가는 방법을 썼습니다.

데일 카네기는 "이것저것을 증명하겠다는 말로 시작하지 말라. 상대의 적개심을 일으키기 쉬운 방법이다. 이때, 청중들은 '그래, 얼마나 잘하나 보자'라는 식으로 반응한다. 어떤 적합한 질문을 제기하고 그들이 당신과 함께 답을 찾는 과정에 참여하게 하라"고 말합니다. 이는 인터뷰에서도 통용될 수 있는 말입니다. 어떤 이들은 인터뷰는 공격적이어야 한다고 믿습니다. 그런 인터뷰론을 펼치는 사람들에게 이렇게 묻고 싶습니다. "그러니까 당신은 시중에 도는 온갖 루머와 비난을 인터뷰이에게 다 전달한 후 싸우자는 듯한 자세로 그 의견들에 대한 해명을 요구하고 그 해명이 미흡할 경우 뺨이라도 쳐야 좋은 인터뷰라고 생각하는 거야?" 물론 이런 자세가 필요한 인터뷰도 있을 수 있지만 그런 인터뷰를 할 때도 먼저 상대방의 동의를 얻고 나서야 원하는 대답을 들을 수 있는 게 아닐까요?

인터뷰는 공격적인 요소가 강합니다. 첫 질문으로 인터뷰는 시작되고, 인터뷰이가 말하고 싶지 않은 이야기에 대해 집요하게 물어볼 수도 있으며, 심지어는 자신이 들은 이야기 중 필요한 내용만 기사화할 수도 있습니다. 그렇기 때문에 오히려 인터뷰어의 역할은 공격수가 아니라 인터뷰이의 공격을 안정적으로 받아주는 '수비수'여야 합니다.

● **다르게 생각하라**

"평등을 내면화하지 못한 우리 사회에서 진보든 보수든 엘리트주의자들이 득세해요. 저는 엘리트주의의 그 천박성이 싫어요. 진보 행세하면서 엘리트주의를 벗어나지 못한 대학교수들은 더 싫고요. 엘리트주의자일수록 머리는 더 나빠요. 이공계 위기라는 문제도 차원을 달리해서 바라보면 새로운 게 보입니다. 그런데 도무지 질문을 바꿔보지 않아요. 고등학교 때 공부 잘한 학생이 물리학도 잘하고 연구도 잘할 거라는 믿음을 왜 진리로 받아들이죠? 주입식 교육이 싫다면서 왜 그 결과는 그대로 받아들이느냐는 말이에요. 또 주입식 교육이 무조건 나쁘다는 이유는 뭐죠? 우리가 주입식 교육으로 여기까지 온 나라입니다. 그렇다면 주입식 교육을 좋다고 생각해볼 수도 있잖아요. 다른 사람이 얘기하면 거기 그냥 묻어가기만 할 뿐, 자신의 머리로 생각하지를 않아요. 그게 제일 큰 문제예요. 이공계 위기를 말하는 사람들의 천박성이 싫어요. 어릴 때부터 공부 잘한 걸로 인정을 받았기 때문에 그 신분을 놓치지 않으려는 심보만 남아 있는 사람들이에요. 진보 중에도 그런 사람들이 많아요. 인간이 원래 그런 존재니까 그건 할 수 없다고 쳐요. 질문을 안 하는 사람들, 호기심이 없는 사람들이 학자를 하는 게 제일 큰 문제입니다."

카이스트 교수 김대식은 위에서 인용한 책 『공부 논쟁』을 통해 도무지 질문을 바꿔보지 않고, 질문을 안 하고, 호기심도 없는 사람들이 학자를 하는 것이 제일 큰 문제라고 개탄하고 있습니다. 이는 우리 사회의 전반적인 문제입니다.

사진가 구본창은 "창의성이란 결국 남들과 다르게 해석하려는 노력이다. 사람들은 보통 선입관을 가지고 남이 이미 만들어놓은 지식에 맞춰 생각하지만, '이것은 이렇다'라는 선입관을 버리고 세상을 낯설게 보며 다시 내 눈으로 받아들이고 조합하고 새로운 해석을 할 때 창의성이 발현된다"라고 말합니다.

아마존 CEO 제프 베조스는 "나는 '앞으로 10년 동안에 어떤 변화가 이루어지리라고 예측하십니까?'라는 질문을 자주 받는다. 재밌지만 식상한 질문이다. 그런데 사람들은 '앞으로 10년 동안 바뀌지 않을 것은 무엇입니까?'라는 질문은 하지 않는다"라고 말합니다. 비슷한 질문 같지만, 아주 다른 대답이 나올 수밖에 없는 질문이죠. 인터뷰어는 다르게 생각하고, 질문하는 연습을 많이 해야 합니다.

앤드루 소벨, 제럴드 파나스가 쓴 『질문이 답을 바꾼다』에는 사소하
지만 강력한 질문들의 사례가 있습니다. 누군가가 "당신 회사에 대
해 말씀해주세요"라고 묻거나 "당신에 대해서 말씀해주세요"라고 물
으면 당황하기 십상입니다. 두 사람은 그런 질문을 받으면 "우리 회
사의 어떤 점을 알고 싶으신가요? 나의 어떤 점을 알고 싶으신가
요?"라고 되묻고 나서 답을 하라고 합니다. 그때 좀 더 구체적인 이
야기를 나눌 수 있겠죠.

　소벨과 파나스는 또 하나의 간단하지만 매우 강력한 질문으로
"당신은 어떻게 생각합니까?"를 제시합니다. 이 질문을 던짐으로써
상대방의 의견을 구하게 되는 것이고, 상대가 말을 너무 많이 한다
고 불평하는 사람은 있어도, 너무 많이 들어준다고 불평할 사람은
없다는 거죠. 그러면서 헨리 데이비드 소로가 어느 날 저녁 일기장
에 쓴 "오늘 나는 최고의 존중을 받았다. 어떤 사람이 내 생각을 묻
더니 내 대답에 성의껏 귀를 기울여주었다"는 말을 인용합니다.

　또 두 사람은 부유하고 유명하고 높은 지위에 있는 사람의 입을
열게 하는 질문으로 "처음에 어떻게 시작되었습니까?"를 제시합니
다. 그렇게 묻는 순간 "평범한 것이 비범한 것으로 변화한다. 당신의
친구이든 동료이든 혹은 낯선 사람이든, 그들은 저마다 귀중한 이야
기를 하나씩은 갖고 있다. 직업은 어떻게 선택하게 됐는지, 배우자를
어떻게 만나게 됐는지, 우연히 방문한 로스앤젤레스에서 어떻게 평
생의 인연을 만나 결국 그곳에 정착하게 됐는지 등. 이런 이야기보따
리를 풀어나갈 때 우리는 상대방과 교감하며 연결되게 마련이다"라

고 그들은 말합니다.

우리는 실패한 경험으로부터는 물론이고, 성공한 경험에서도 배우려고 하지 않습니다. 그저 '내가 잘나서 이만한 성과를 이룬 것'이라고 자화자찬을 하고 말지요. 피터 드러커는 "성공적인 일을 한 이후에는 조용한 반성의 시간을 가져라. 그러면 나중에 훨씬 더 성공적인 일로 이어질 것이다"라고 말했습니다. 그런데 우리는 진중권 교수의 말처럼 잘못된 일에서는 범인을 찾고, 좋은 일이 생기면 의인을 찾습니다. 영화감독 우디 앨런도 "성공하면 나의 능력과 성과 덕분이라고 생각하고, 실패하면 내가 통제할 수 없는 외부 요인이나 다른 사람의 탓으로 돌린다. 탓할 사람을 찾지 못했다면 충분히 열심히 찾아보지 않은 탓이다"라고 했다고 합니다. 그래서 소벨과 파나스는 성공한 사람이건 실패한 사람이건 양쪽 모두에게 던질 수 있는 강력한 질문으로 이 질문을 제시합니다. "당신은 무엇을 배웠습니까?"

그리고 두 사람은 '왜?'라는 질문을 신중하되, 자주 활용하라고 조언합니다. '왜?'라는 질문은 좋지 않은 타이밍에 잘못된 문제에 대해서 물을 때는 반대의 뜻을 은근하게 내비치는 셈이 되기 때문에 비판적이고 트집 잡기 좋아하며 잔소리나 하는 사람처럼 보일 수 있어 상대방의 기분을 상하게 할 수도 있습니다. 하지만 이 질문은 타인으로 하여금 자신이 하려는 일에 더 깊이 생각하게 만들고, 문제의 핵심에 다가갈 수 있게 해줄 뿐만 아니라 생각 없이 타성에 젖어 살지 않도록 자신의 행동을 점검할 수 있게 도와준다는 겁니다.

제가 인터뷰를 할 때마다 꼭 물어보는 몇 가지 질문이 있습니다. '그 일을 하는 데 있어서 당신이 가진 장단점은 무엇입니까?' 스스로 그것을 말하게 하면 처음에는 좀 어색해하지만, 자신이 자신을 어떻게 판단하는지를 통해 여러 가지 정보를 얻을 수 있습니다. '당신이 앞으로 더 성취하고 싶은 것이 무엇입니까?', '당신은 앞으로 어떤 사람으로 기억되길 원하십니까?'라는 질문을 통해서는 그 사람이 가진 인생관이나 사회의식, 관계에 대한 생각 등을 알 수 있습니다. 그리고 가장 많이 하는 질문은 역시 '마지막으로 해주실 말씀은 없으신가요?'인데요. 혹시라도 빠뜨린 부분이 있다면 그것을 들을 수 있는 마지막 기회라는 면에서 꼭 던져야 될 질문이겠지요.

●　　　　　　　　　　　　**이명세 감독의 질문에 대한 생각**

영화평론가 이동진은 영화감독 이명세와 인터뷰를 한 후 『이동진의 부메랑 인터뷰, 그 영화의 시간』에 이렇게 썼습니다.

　"이명세는 세상에 단 한 명뿐이다. 그에겐 유파도 없고, 레퍼런스도 없다. 오직 이미지로 사유하는 방법론만이 있을 뿐이다. 그는 액션을 멜로처럼 찍었고(《형사 Duelist》), 멜로는 액션처럼 찍었다(《지독한 사랑》). 한 번의 꿈으로 작품 전체를 감싸는가 하면(《개그맨》), 영화 한 편을 아예 깨지 않는 꿈처럼 만들기도 했다(《M》). 어떤 때는 다양한 표현법 마련에 골몰했지만(《나의 사랑 나의 신부》), 또 어떤 때는 단 한 가지 표현법에 전력을 기울였다(《남자는 괴로워》), 그리고 〈첫사랑〉과 〈인정사정 볼 것 없다〉는 내 마음을 송두리째 가져갔다. 그는 20여 년에 이르는 기간 동안 모두 여덟 편을 만들면서, 진경 이미지 여덟 폭이 담긴 황홀한 병풍 하나를 한국영화계에 선물했다."

　이보다 영화감독 이명세를 잘 설명하긴 어렵겠죠. 이명세 감독이 20년 친구인 채호기 시인과 2010~2011년까지 1년 6개월간 주고 받은 편지를 모은 책 『주고, 받다』에는 이런 구절이 나옵니다.

"나를 키운 것은 100퍼센트 나의 열등감, 무식함이었다. 영화과 꼴찌인 나는 잔뜩 주눅이 들어 있었다. 꼴찌인 내 눈에는 옆자리의 영화과 동기들이나, 다른 과 동기나 선배들은 이미 모두 완성된 예술가였다. 그때부터 나의 구걸 행각은 시작되었다. 나는 만나는 사람마다 동기든, 선배든, 선생님이든 붙잡고 물어봤다. '영화란 무엇입니까?', '왜 영화감독이 되려고 하셨습니까?', '시란 무엇입니까?', '예술가란 무엇입니까?' 정말이지 닥치는 대로 물어봤다. 목마른 사람이 우물 파는 심정으로 그런 뜬금없는 나의 질문을 누군가는 무시했고, 누군가는 싸가지 없다고 했다."

자신의 영화적 세계관이 확고해서 다른 사람에게 의견을 묻지 않을 거라는 선입관과 달리 그는 끊임없이 사람들에게 질문합니다. 사람들은 대개 질문하는 사람에게 짜증을 내고 그를 하수 취급합니다. 어쩌면 자신도 답을 가지고 있지 못하기 때문에 피하는 건 아닐까 하는 생각이 듭니다. 그럴수록 "그래, 우리 같이 답을 찾아보자"라고 할 수도 있을 텐데 말이지요. 저 역시 대답하기 곤란한 질문을 받았을 땐 짜증을 내곤 했던 것 같습니다. 인터뷰하기 전 사진 촬영을 준비하는 짧은 시간 동안 이명세 감독은 저에게도 질문을 했습니다.

"평소 인터뷰에 관심이 많았다. 인터뷰와 관련된 뭔가를 하고 싶은데 나중에 같이 얘기를 해보자. 언제부터 인터뷰를 했나?" 등등. 이명세 감독이 만든 영화의 섬세한 표현들은 궁금해하고, 질문하고, 듣는 데에서 나온 게 아닌가 싶습니다. 결국 멋진 영화를 만들어내는 분들은 세상일을 궁금해하고, 다른 사람의 말에 귀 기울이는 사

람이었습니다. 술자리에서 '내가 누군데, 영화는 이런 거야'라고 큰
소리치는 분들이 영화를 만들어내는 경우를 별로 보지 못했습니다.
질문하는 행위는 이토록 귀중하지요.

●   **질문을 준비하는 과정 자체가 공부**

많은 인터뷰어들이 인터뷰하는 과정 자체가 공부라는 말을 합니다.
그 사람을 알기 위해서 인터뷰이에 관한 자료를 읽고, 관련된 지식
을 파악하는 과정은 예습이라고 볼 수 있고요. 그 사람과의 인터뷰
는 강의를 듣는 것, 녹취하고 교정을 보는 과정은 복습이라고 볼 수
있을 겁니다.

　『서울대에서는 누가 A+를 받는가』의 저자 이혜정 박사는 《투데
이신문》과의 인터뷰에서 "대학 입시까지 창의적인 것을 요구하는 일
이 무리라고 치더라도 이미 서울대에 들어온 아이들까지 창의력을
기르지 못하는 교육을 받는 것에 대해 너무 걱정이 됐다"고 지적하
면서 질문의 힘에 대해 이렇게 이야기합니다.

　"12년 동안 강의했는데 처음 1~2년차에는 프레젠테이션을 잘하
는 것이 강의를 잘하는 것이라고 생각했다. 멋지게 파워포인트로 설
명하고 수업이 다 끝날 무렵에 '질문 없어요?'라고 하는 것이 강의를
잘하는 것이라고 생각했다. 제대로 강의하는 게 아니라는 걸 깨달
았다. 교수가 말한 것을 학생들이 절대 그대로 다 받아들이지 않는
다. 말을 많이 하면 그 말을 알아들었을 것이라고 생각하는데 절대
그렇지 않다. 다만 학생과 교수가 다른 것은 정보와 지식의 양이 아

니라 관점과 안목의 차이에 있다. 지식과 정보를 많이 주는 것이 전부가 아니라고 생각했다. 그래서 수업 시간에 학생들에게 '있는 힘을 다해 나를 이겨보라'고 했다. 내가 대답하지 못하거나 나를 감동시키는 질문을 하는 사람에게 A+를 주겠다고 말하며 끊임없이 나를 공격하라고 했다. 단, 책이나 인터넷에 나오지 않는 것인지를 확인해야 했기에 온갖 자료를 다 뒤지더라. 질문거리를 찾기 위해 많은 자료를 보는 것이다."

이 말처럼 새로운 질문거리를 찾기 위해 여러 자료를 뒤지는 과정 자체가 엄청난 공부가 되는 셈입니다. 그리고 창의력을 키우는 과정이 되기도 하고요.

● **궁금한 것을 하나씩 물어라**

많은 사람들이 "인터뷰를 하러 가는데, 무엇을 물어봐야 할까요?"라고 묻습니다. 저는 그걸 뒤집어서 "그분을 왜 만나려고 하시죠? 무엇을 듣고 싶은데요?"라고 되묻습니다. 그 사람을 만나고 싶은 이유, 그걸 바탕으로 질문을 만들면 되겠죠.

매리언 커린치와 제임스 파일은 『질문의 힘』에서 "인간은 누구나 천부적인 질문자"라면서 호기심을 품은 아이처럼 질문하라고 조언합니다.

"제대로 말하기 시작하면서부터 우리는 '왜?'를 비롯해서 온갖 의문문을 쏟아낸다. 아이들이 매일 뭔가를 확인하고 증명하려는 모습을 우리는 자주 볼 수 있다. 이는 인간의 본성이다. (…) 질문을 한다는 것은 초점의 문제이다. 아이들이 질문을 할 때는 단 한 가지만을 알고 싶어 한다. 아이들은 이제까지 본 적이 없던 벌레를 보면 묻는다. '저게 뭐죠?' 반면 성인들이 질문할 때 보이는 가장 큰 문제는 한 번에 지나치게 많은 정보를 얻으려고 한다는 점이다. 어른들은 처음 보는 벌레를 가리키며 이렇게 주절댄다. '저 이상한 벌레 좀 봐. 이렇게 생긴 건 처음 보는데, 이놈이 어디서 왔을까? 이거 물지는 않을까? 이놈이 내 토마토를 먹어 치우는 거 아냐?'"

손석희 앵커는 한 번에 하나씩 정확하게 질문하고 그다음 사항을 순차적으로 집요하게 파고들죠. 어린아이처럼 '내가 본 그게 뭐예요?'부터 시작해서 구체적인 답을 이끌어냅니다. 그런데 많은 질문자들은 자신의 견해, 우려 등 모든 것을 버무려서 질문을 합니다. 질문을 던진 후에는 상대방이 생각을 정리할 때까지 차분히 기다릴 수 있는 인내심이 반드시 필요합니다. 간혹 침묵을 못 견디는 인터뷰어도 있는데, 때로는 침묵 역시 진지한 대화의 한 방법이라는 점을 상기할 필요가 있습니다.

PART **6**   잘 듣고 잘 말하라

▶

데일 카네기는 『성공대화론』에서 좋은 대화자가 되는 방법을
제시합니다.

"많은 사람들이 대화에서 실패하는 것은 자신들이 흥미를 가지는
것에 대해서만 이야기하기 때문이다. 그것은 상대방을 지루하게
만든다. 과정을 뒤집어라. 상대방의 관심, 사업, 골프 스코어,
그리고 성공에 대해, 만약 상대가 아이 엄마라면 그녀의 아이에
대해 말하도록 유도하라. 상대방의 말에 귀를 기울이면, 그에게
당신은 기분 좋은 사람이 될 수 있다. 결과적으로 당신은 별로
말을 하지 않았지만, 즐거운 대화 상대로 여겨질 수 있는 것이다."

인터뷰는 사람과 사람 사이의 '대화'입니다. 대화는 누군가
말하는 사이, 누군가는 듣는 과정을 반복하지요.

그렇다면 인터뷰라는 대화를 잘 이어가기 위해서는
잘 말하는 것도, 잘 듣는 것도 중요합니다.

배우 존 웨인은 "낮은 목소리로 말하고, 천천히 말하고, 너무 많이 말하지 말라"라는 말을 남겼습니다.

인터뷰어가 새겨둬야 할 중요한 말입니다. 역시 한 분야의 대가는 다르다는 생각이 듭니다. 낮은 목소리로 말할 때 겸손하게 들리고 오히려 상대가 더 경청하게 만들 수 있으며, 천천히 말해야 이미 뱉은 말을 주워 담을 수 없는 실수를 방지할 수 있습니다. 너무 많은 말을 하다 보면 실수를 하게 될 가능성이 더 커질 테니까요.

인터뷰어는 여기저기서 이런저런 이야기를 들을 수밖에 없는 직업입니다. 종종 인터뷰이가 '오프 더 레코드로 하는 이야기' 내지는 '당신에게만 이야기한다'고 해주는 말을 듣게 되기도 하고요. 주위 사람들은 인터뷰어라는 직업을 가진 사람(혹은 기자라는 직업을 가진 사람)에게 인터뷰이에 대해 끊임없이 물어봅니다. 뭐, 재미있는 이야기 없느냐고 말이죠. 이때 인터뷰어는 의사가 환자의 이야기를 들은 것처럼, 성직자가 고해성사를 들은 것처럼 그 이야기를 누설해서는 안 됩니다. 이야기는 금세 천리를 갈 수 있으니까요. 그리고 누군가는 그 말을 듣고 당사자에게 전할지도 모릅니다. 그러면 그 인터뷰이와의 인연은 그걸로 끝이겠지요.

● **말은 기술이 아니다**

커뮤니케이션 전문가 편석환 교수는 스피치 커뮤니케이션 강의 첫 시간은 항상 이렇게 말한다고 합니다. "말에 대한 기술을 습득하러 오신 분은 수강 신청을 잘못했으니 수강 정정하세요."

그 이유에 대해서는 이렇게 말합니다.

"내 강의는 말 잘하는 기술이 아닌 말의 본질을 가르치기 때문이다. 말을 기술로 이해하려는 사람은 내 강의를 들을 이유가 없다. 말은 그 사람의 그릇만큼 나오고 깊이만큼 나오는 것이다. 말을 잘하고 싶으면 기술을 배울 것이 아니라 내면부터 채울 일이다. 기술은 그다음이다."

故 신해철의 『신해철의 쾌변독설』에는 말하는 기술에 대한 이야기가 있습니다.

"말하는 기술에 대해서는 끊임없이 질문을 많이 받아요. 심지어는 상담소에도 '어떻게 하면 말을 잘할 수 있어?'라는 질문을 많이 하는데, 그것은 대화를 테크니컬한 차원으로 낮게 보는 수작이거든요. 대화는 그런 테크니컬한 차원에서는 이루어지지 않는다고요. 웅변은 테크니컬한 차원으로 이루어질 수 있죠. 그러나 대화는 테크닉으로 가는 게 아니라고 보거든요. 마음이 따라가지 않으면 대화가 따라가지 않는다고 봐요. 그러니까 대화의 기술 중에서 제가 가장 중요시하는 것이 듣는 겁니다. 다른 사람들 말을 차근차근 듣고, 말을 끊는 일이 여간해서는 없어야 하고, 참을성 있게 인내하면서 들어야 되고, 그다음에 그 말이 마음에 안 들더라도 기분 나쁘지 않게 유도하면서 발언을 끌고 가주고 이래야 된다고 생각합니다. 대개의 사람들은 저에 대해서 제 말만 실컷 하고, 그다음에 '에브리바디 셧 더 마우스' 하면서 내 말은 전부 맞는 말, 너는 전부 틀린 말이라고 할 것이라고 생각하는데요. 그런데 그것은 굳이 신해철을 얕잡아

봐서 기분 나쁜 게 아니라, 이 사람들이 정작 대화라는 것을 너무 얕잡아 보는 게 아닌가 하는 생각이 들어서 기분이 나빠요. 대화라는 건 그런 차원이 아니거든요. 두 번째 대화의 기술은 마음입니다. 그 마음에는 무엇이 포함이 되느냐 하면 상대방하고 이야기를 해봐서 상대방이 이해하지 못하는 종류의 용어나 단어들을 피해 간다든가 하는 겁니다. 예를 들어 친구랑 얘기하고 있는데, 유학까지 갔다 온 애라서 영어를 사용하는 애면, 머리에 영어 단어가 떠오르는 대로 영어 섞어가면서 얘기해도 되지만, 상대방이 영어 못하는 사람이란 말이죠. 음악계 선밴데. 그분한테는 영어로 된 단어들은 피해 가야죠. 이건 상대방에 대한 배려잖아요. 기왕이면 상대방이 좋아하는 소재, 상대방이 이미 알고 있는 소재, 내가 말하면 상대방이 맞받아칠 수 있는 소재, 이런 것들 위주로 대화를 해야겠죠.”

이제껏 제가 만나본 가장 훌륭한 대화 상대였던 그의 대화에 관한 철학은 음미해볼 만합니다.

“저는 다른 직업군에 있는 사람들과 다행히 대화가 거의 다 통하는 편이에요. 그건 대화의 기술일 뿐이라고 생각하는데, 사실 어떤 사람하고도 나눌 얘기는 있거든요. 그 사람하고 나눌 만한 이야기가 아닌 것만 빼고, 그 사람하고 나눌 수 있을 만한 얘기 중에서 재밌는 얘기들을 해나가면 되거든요. 빨갱이로 붙잡혀 들어와 있는 형은 제가 한동안 그만두고 있었던 사회과학 공부를 저에게 시켜줬고요. 조폭들은 저에게 신체 단련과 싸우는 방법에서부터 시작해서 온갖 사회 밑바닥의 이런저런 거친 요령들에 대해서 알려줬고요. 소년수들은 꼬마 양아치들의 삶과 좌절, 그들에게도 있는 꿈이 무엇인지를 저에게 가르쳐줬고, 여호와의 증인들은 가차 없이 타협 없는 삶을 살고 있는 무리들의 태도를 저에게 보여줬거든요."

누구와도 그들의 눈높이에서 대화할 수 있다는 열린 자세는 인터뷰어에게 반드시 필요한 덕목입니다. 대통령부터 사형수까지 만날 수 있는 직업이 인터뷰어이니까요. 미국의 유명 희극배우이자 방송인인 윌 로저스는 "사람들은 모두 무지하다. 다만 그 무지한 분야가 서로 다를 뿐이다"라고 했습니다. 그런 겸손한 자세로 대화를 한다면 누구와 대화해도 배울 것이 있고, 즐겁겠지요.

●　　　　　　　　　　　　　　　　**40억 원과 바꾼 인터뷰의 가치**

빌 클린턴과 스캔들을 일으켰던 모니카 르윈스키는 인터뷰 대가로 300만 달러를 제시한 폭스TV 대신 돈 한 푼 받지 않고 바바라 월터스와의 인터뷰에 응했다고 합니다. 40억 원에 가까운 돈을 포기할 만큼 바바라 월터스를 통해 자신의 이야기를 하고 싶었던 것이지요.

뒤집어서 말하면 르윈스키에게는 바바라 월터스와의 인터뷰가 40억 원과 바꿀 만큼의 값어치가 있었다는 뜻으로, 사람이 자신의 이야기를 제대로 들어주고 알려주는 일에 얼마나 갈증을 느끼고 있는가를 방증하는 사례입니다. 르윈스키와의 인터뷰 후 바바라 월터스는 "그녀가 나를 택한 것은 인터뷰의 신뢰성 때문"이라고 잘난 척했지만, 사실 아무도 월터스의 이 말을 반박할 수 없었습니다. 그녀는 인터뷰 대상이 정해지면 그 대상에 대한 예상 질문을 250개가량 뽑는다고 하죠.

그리고 그것을 충분히 익힌 후 상황에 맞게 임기응변으로 대처

해나간다고 합니다. 월터스가 인터뷰한 국가원수들이나 저명인사들에게서 오랜 시간을 빼앗을 수는 없을 테니 그 정도 사전 준비는 필수겠죠. 월터스의 인터뷰는 딱딱한 질문과 답변의 연속이 아니라 인터뷰 대상과 일대일로 친밀한 대화를 나누는 것 같은 느낌을 연출합니다. 이 대화의 또 다른 참여자는 바로 시청자입니다. "보통의 시청자들이 흥미를 가질 법한 내용을 가장 염두에 두고 인물의 인격이 드러나는 인터뷰에 초점을 맞춘다. 많은 언론인들은 똑똑한 인상을 풍기는 난해한 질문들을 한다. 그렇지만 나는 모든 사람들이 알기 원하는 것을 알고 싶다."

TV 토론 프로그램의 패널들을 보면 어찌나 말을 어렵게 하는지, '저걸 시청자가 알고 싶어 하는 거야?'라고 묻고 싶을 때가 많거든요. 80세가 넘은 바바라 월터스가 좋은 인터뷰를 위해 스스로 준비하는 데 반해 우리 언론의 높은 분들은 저명인사와 인터뷰가 성사되면 '저 정도 거물이면 내가 가야지'라고 하면서 자신의 이력으로 치부하려는 경향도 있습니다. 그러면서도 질문지는 후배 기자에게 뽑게 하는 경우가 많죠.

인터뷰를 잘하기 위해서는 인간에 대한 호기심과 애정, 그리고 많은 사람이 궁금해하는 것을 그 사람에게서 들어주고, 그것을 충실히 전달해야겠다는 사명감이 있어야 합니다. 뉴스의 포커스가 되는 그 사람의 육성을 진지하게 기록해두는 것은 매우 중요한 작업이죠. 하지만 대부분의 신문 기사는 원고지 몇 장에 그 사람의 생각을 구겨 넣는 편입니다.

인터뷰 대상자가 한 수많은 말과 행동에도 불구하고, 기자가 선정한 그 사람의 몇 마디로 인해 그 사람은 그렇게 규정되어 버립니다. 매스컴의 선정주의에 따라, 말 한마디로 그 사람 전체가 규정되어버리는 경우도 있습니다. 어떻게 한 사람의 인생이 하나의 행동과 말 한마디로 규정될 수 있을까요?

● 　　　　　　　　　　　　　지식은 말하고 지혜는 듣는다

흔히 듣는 것의 중요성을 말할 때 '입은 하나, 귀는 두 개'라는 말을 합니다.

미국의 의학자이자 문필가인 올리버 웬델 홈즈는 "말하는 것은 지식의 영역이고, 듣는 것은 지혜의 영역이다"라고 말했고, 기타리스트 지미 헨드릭스는 "지식은 말하지만, 지혜는 듣는다"고 했습니다. 데일 카네기는 "남의 관심을 끌려면 남에게 관심을 가져라"라고, 영국의 소설가이자 정치가인 벤저민 디즈레일리는 "사람들에게 그들 자신에 관한 것을 말하라. 그러면 그들은 몇 시간이고 당신 말을 경청할 것이다"라고 말했지요. 일본의 인터뷰어 아가와 사와코는 "잘 말하는 사람에게는 귀를 열지만, 잘 듣는 사람에게는 마음을 연다. 누군가의 말을 들어주는 것. 그것은 힘이다"라고 했고, 자크 워드는 "어떤 칭찬에도 동요하지 않는 사람도 자신의 이야기에 마음을 빼앗기고 있는 상대에게는 마음이 흔들린다"고 했습니다. 제너럴 일렉트릭 회장으로 세기의 경영인이라 불리는 잭 웰치 역시 "진정한 커뮤니케이션이란 말하는 것이 아니라 듣기"라고 했고, 미국의 극작가 윌슨 미즈너는 "남의 말을 잘 듣는 사람은 어디서나 환영받으며 결국 중요한 지식을 얻게 된다"고 말했습니다.

정리하자면 지식은 말하지만 지혜는 듣고, 말 잘하는 사람에게는 귀를 열지만 자신의 이야기를 잘 듣는 사람에게는 마음을 열고, 심지어 마음이 흔들린다는 뜻이겠지요.

데일 카네기는 『인간관계론』에서 이렇게 말합니다.

"상대방이 대답하기 좋아하는 질문을 하라. 그들 자신이 이룩한 성취에 대하여 말하도록 하라. 당신과 대담하고 있는 상대방은 당신이나 당신의 문제보다는 자신의 희망이나 자신의 문제에 백배나 더 관심이 많다는 사실을 명심해라. 사람은 본래 100만 명을 희생시킨 중국의 기근보다 자신의 치통이 더 중요한 법이다. 아프리카에서 발생하는 40번의 지진보다 자신의 목전의 이익을 더 소중하게 여긴다. 대화를 시작할 때는 이 점을 꼭 명심하라."

●   **침묵은 강력한 언어**

구설수라는 말이 있습니다. 말 한마디로 평생 쌓아 올린 경력과 평판을 날려버리거나, 가족이나 친구 등 가장 가까운 사람들을 잃기도 합니다. 특히 공적인 일을 하는 사람들에게는 두말할 필요가 없는 이야기겠지요.

그래서 프랭클린 루스벨트 전 미국 대통령은 "나중에 되삼키려 애쓰지 말고, 그 순간 꿀꺽 말을 먹어버려라"라는 말을 하기도 했습니다. 작가 도로시 네빌은 "진정한 대화의 기술은 맞는 곳에서 맞는 말을 하는 것뿐 아니라, 안 맞는 곳에서 하지 말아야 할 말을 불쑥 해버리지 않는 것까지도 포함된다"고 했고요.

우리는 하지 말아야 할 말을 내뱉은 후 얼마나 많은 후회와 고통 속에서 시간을 보내는지요. 인터뷰어 역시 그런 부분을 조심해야 합니다. 상대방에게 해서는 안 될 말을 해서 인터뷰를 망치게 되는 경우가 허다합니다.

"침묵은 충직한 자의 좋은 친구"라는 공자의 말은 실생활에서도 유용한 이야기이지만, 인터뷰 기법으로서도 유용할 때가 많습니다. 인터뷰어의 적절한 침묵은 인터뷰이를 깊이 생각하게 하고, 적당히 긴장하게 만들고, 자극하는 효과도 있으니까요.

홍세화 선생은 "남의 말을 할 때는 그 사람이 있다고 생각하고 하라"고 말했습니다. 만약 그런 생각으로 말을 한다면 말로 인한 실수를 할 확률이 줄어들겠지요. 인터뷰를 하다 보면 분위기를 부드럽게 한답시고 다른 사람에 대한 험담에 동의하게 되는 경우가 있습니다. 다만 그럴 때조차도 선을 넘어서는 안 됩니다. 그 말은 반드시 당사자 귀에 들어가게 마련이니까요.

● **두려운 것은 딱 하나, 지루하게 여겨지는 것**

배우 그레타 가르보는 "두려운 것은 딱 하나, 지루하게 여겨지는 것이다"라는 말을 했습니다. 이는 인터뷰어에게도 해당되는 말입니다. 인터뷰는 기본적으로 상대와의 대화입니다. 그러므로 인터뷰어뿐만 아니라 인터뷰이 역시 대화에 즐겁게 동참할 수 있어야 좋은 결과를 얻을 수 있습니다. 이럴 때 조심해야 할 것이 남들이 다 아는 이야기를 혼자 아는 것처럼 말하는 태도입니다.

민감한 이야기를 할 때는 '이 부분에 대해서 저보다 더 잘 아시겠지만'으로 운을 떼는 것이 좋습니다. 상대방이 전에 한 말에 덧붙여서 말할 때는 '조금 전에 그런 말씀을 해주셨지만', '조금 전에 지적하셨지만'으로 이어가는 것이 좋고요.

소설가 한창훈은 웹진 《채널예스》와의 인터뷰에서 "내가 술꾼이다 보니 사람들하고 어울리고 술 마시면서 이야기를 하다 보니까, 한 말 또 하고 또 하는 장면을 엄청 많이 경험했다. 그 얼마나 괴로운가. 사람을 가장 많이 괴롭히는 일이 나도 알고 있는 말로 나를 가르치려 하는 거다. 그거 정말 괴롭다"라고 말합니다.

한 말 또 하고, 누굴 가르치려는 태도를 보이는 사람들이 의외로 많습니다. 그런 말투가 몸에 밴 인터뷰어나 기자들도 꽤 있고요. 산전수전 공중전까지 다 겪은 인터뷰이들 앞에서 그렇게 '나도 알고 있는 말로 나를 가르치려' 하는 태도를 가진 인터뷰어나 기자가 어떻게 보일까요? 그 인터뷰의 결과는 불 보듯 뻔하겠지요. 이것도 결국 말투나 태도에 관한 문제로 귀결되는군요.

앞서 언급한 『질문의 힘』에는 '말투를 조심하라'는 구절이 나옵니다.

"그러나 편견에 오염된 질문이 반드시 질문 내용에서만 나오는 것은 아니다. 질문을 전달하는 방식, 곧 말투나 어조가 모든 것을 바꿔 놓을 수 있다. '당신 누구죠?'라는 질문은 한 사람의 신원에 대한 단순한 호기심의 표현인 것만큼이나 상황에 따라 분노, 두려움, 놀라움, 유머, 조롱의 의미도 전달할 수 있는 것이다. 그래서 질문할 때는 당신이 10대였던 시절에 당신 어머니가 최소한 일주일에 한 번쯤은 했을 법한 말을 기억하라. '말투를 조심해!' 취업 면접으로 미리 작성된 질문을 당신이 그대로 상대방에게 말로 전달할 때도 편견에 물들어 있다거나 그 밖에 다른 방식으로 부적절하다는 비난을 들을 수도 있다."

●   **라포를 형성하라**

라포는 네이버 지식백과 특수교육학 용어사전의 정의에 따르면 '상담이나 교육을 위한 전제로 신뢰와 친근감으로 이루어진 인간관계이다. 상담, 치료, 교육 등은 특성상 상호 협조가 중요한데 라포는 이를 충족시켜주는 동인이 된다. 라포를 형성하기 위해서는 타인의 감정, 사고, 경험을 이해할 수 있는 공감대 형성을 위하여 노력하여야 한다. 따라서 효과적인 장애 학생 교육이나 부모 상담을 위해서는 라포의 형성이 무엇보다 중요하다'라고 나와 있습니다. 공감을 얻기 위해서는 '내가 널 이해한다'고 말을 한다고 되는 것이 아니라 상대가 그렇게 느낄 때까지 온 힘을 다해 인내심 있게 들어주어야 합니다. 그리고 상대가 답을 하지 않는다고 다그치지 말고 때로는 침묵을 견뎌내야 합니다.

범죄심리학자 표창원은 프로파일링 과정에서 라포 형성의 중요성에 대해 이렇게 말합니다.

지승호(이하 지) – 프로파일링을 할 때 접근하는 특별한 기법이 있습니까?

표창원(이하 표) – 몇몇 경우 형사들이 수갑을 채워서 데려오는 경우도 있고, 옆에 있는 경우도 있습니다. 위험하다고. 범행이 워낙 잔혹하니까요. 그때마다 저는 "괜찮아요. 혹시 위급하면 부를 테니까 수갑 풀어주고 나가 계세요"라고 해요. 그러면 형사들이 대단히 미심쩍어하기도 하고, 불안해하기도 하면서 나가죠. 제가 범죄 분석에는 전문가일지는 몰라도 무력, 완력에는 전문가가 아니라고 생각하니까 혹시 사고라도 생기면 그분들이 곤란에 처하게 되잖아요. 저는 기본적으로 그들을 잘 알고, 그들의 심리에 대해서 파악하고 있기 때문에 제가 결코 위험한 상황에 처하지 않으리라는 것을 알고 있습니다. 그 기법 자체가 기본적으로 라포 형성이라는 것에서 출발을 해요. 상대방과 나 사이에 심리적 공감대를 쌓아나가는 거죠. 그러면 위험이 형성되지 않습니다. 왜 강력 범죄가 생기느냐, 피해자와 가해자 간의 무력적, 폭력적 충돌이 생기느냐, 긴장이라는 것이 유발하거든요. 두려움. 제가 범죄자들과 맞대응하는 순간에는 일단 그들에 대해서 이해, 공감, 이런 것들로 접근을 합니다. 그러면 그들은 공격을 하고 싶은 욕구가 생기지 않아요. 그게 중요한 첫 출발이고요. 그리고 단계별로 범죄심리학적 면담 기법이 있죠. 사실은 강력 흉악범들은 면담하기가 별로 어렵지 않아요. 제일 어려운 것이 여성 범죄자 중에 자기의 지인, 가족, 특히 자기 아이를 살해한 경우, 이런 경우에는 말을 안 하니까, 입을 안 여니까 어렵죠. '죽여주세요', 이것밖에는 없거든요. 그런 사람의 입을 열게 하는 것이 제일 힘들어요.

지 ─ 프로파일러 역시 일단 상대방의 얘기를 듣는 게 가장 중요한 거겠네요.

표 ─ 그럼요. 저는 그렇게 청소년기를 살아왔는데요. 범죄심리학 공부하는데 그런 얘기가 나오는 거예요. 듣는 것이 대화의 가장 중요한 요소다, 너무 그게 와 닿는 거죠. 그게 옳은지, 그른지도 모르고 그렇게 해오고 살아왔는데요. 학문적으로 그렇더라고 하니까 다른 사람들보다 훨씬 더 제게는 잘 받아들여지고, 실천하기도 더 쉽고 그랬죠.

상담을 하거나 치료를 하거나, 교육을 하거나 대화를 하는 데 있어 서로에 대한 공감대를 형성하는 것이 그만큼 중요한 거겠죠. 심리학자 이토 아키라는 『호감을 주는 말의 힘』에서 "마음의 거리를 한 걸음, 한 걸음씩 서로 내디뎌야 한다. 그리고 자기 개시를 하나 하고, 상대방에게도 조심스럽게 물어야 한다"고 말합니다. 방송인 오프라 윈프리는 어린 시절에 성폭행을 당한 경험을 방송에서 고백함으로써 상대방의 솔직한 이야기를 이끌어내고 수많은 시청자들의 공감을 불러일으켰습니다.

●   **무조건 압박하는 것은 효과적이지 않다**

미디어의 인터뷰는 취재 혹은 취조에 가까운 경우도 있습니다만, 입을 열지 않으려는 사람을 취조할 경우 얼마나 많은 자료가 필요한지는 두터운 검찰 조서를 보면 알 수 있습니다. 인터뷰를 통해 사람의 말을 끌어내는 경우, 은근하고 부드러운 방식이 훨씬 효과적입니다. 범죄심리학자 표창원과의 대화 중 한 꼭지입니다.

지승호(이하 지) – 이론과 실제의 괴리는 늘 크죠.(웃음) 듣는다는 것 중에서 제일 중요한 것이 인내심을 가지고 참고 듣는 것인 것 같은데요. 박사님이 쓰신 『숨겨진 심리학』을 보니까 열창 노래방 라이터 에피소드가 재미있더라고요. 범죄 현장에서 열창 노래방 라이터를 주운 경우 범인을 심문할 때 바로 '너, 열창 노래방 갔었지?' 하는 것은 하수라는 거잖아요. 부인하면 그걸로 끝나는 것이고, 다음에 써먹을 수 없는 카드가 된다는 건데요. 이런저런 얘기를 쭉 하다가 '너 놀 땐 뭐하고 놀아?', '친구들이랑 노래방도 가고요'라는 얘기가 나오는 타이밍에서 '아, 열창 노래방'이라고 하면 상대방은 '어, 나에 대해서 얼마나 알고 있는 거지? 다 알고 있나?'라고 생각하면서 긴장하게 된다는 거잖아요. 예전 형사분들 이미지는 증거가 나오면 그것을 가지고 윽박지르는 모습이 연상되는데요. 차곡차곡 쌓아놓았다가 필요할 때 요소요소에서 꺼내라는 건데, 인터뷰할 때도 중요하게 써먹을 수 있는 기법인 것 같습니다.(웃음)

표창원(이하 표) – 그럼요. 인내심에 대해 말씀하셨지만, 어떻게 보면 가장 중요하죠. 언제까지 참느냐, 조급한 성격의 사람들은 증거를 꺼내놓고 싶어서 안달을 하는 거죠.

지 – 빨리 이걸 꺼내서 자백을 받아야지.(웃음)

표 – 그게 만약에 예상하지 못한 합리화, 변명 이런 것들로 무력화되어 버리면 나는 더 이상 쓸 수 있는 카드가 없는 거잖아요.

'열창 노래방' 에피소드에서 보듯이 무조건 압박해 들어가는 것은 효과적이지 않습니다. 〈이영돈 PD가 간다〉에서 무속인을 검증하는 과정을 봐도 그렇습니다. 이영돈 피디는 처음부터 압박해 들어가지 않고, 그 무속인을 인정하며 적당한 칭찬을 통해 상대방을 안심시킨 후 차근차근 압박해 들어갑니다. 그리고 결정적인 순간에 증거를 내밀어서 상대방을 꼼짝 못하게 하고, 시청자들이 그것을 보고 판단하게 만드는 것이죠.

●   여러 청중들을 고려해서 말해야 한다

한완상 전 통일부총리는 재임 시절 인터뷰 중 이런 말을 합니다.

"제가 남북 관계에 대해 어떤 말을 할 때 고려하는 청중은 세 가지입니다. 하나는 남한에 있는 사람들이고, 또 하나는 평양 당국입니다. 내 말이 남북 관계의 걸림돌이 되지 않을까 하는 데 대해 항상 두려움을 갖고 있는 것입니다. 또 하나의 청중은 역사입니다. 역사가 과연 이것을 어떻게 평가할 것인가를 생각하는 것입니다. 제가 편하게 살기 위해서 어떤 말을 하고 싶은 충동을 받을 때도 있지만 이런 세 가지 청중의 평가 때문에 항상 자제하고 신중하게 대응하려고 합니다. 이 세 청중 가운데 제일 무서운 것은 역사의 평가입니다."

역사는커녕 당대에 대해서도 아무 걱정하지 않고 막말을 해대는 풍토에 귀감이 되는 이야기가 아닐 수 없습니다. 인터뷰이뿐만 아니라 인터뷰어 역시 자기 이야기를 듣는 청중들을 고려해서 이야기해야 합니다. 그리고 역사라는 청중을 대신해서 듣는 일이기 때문에 인터뷰이와 기싸움을 해야 하는 경우도 생깁니다.

기생충 교수로 유명한 서민의 『집 나간 책』을 보면 난독증에 관한 이야기가 나옵니다.

"글을 조금 길게 쓰면 이런 댓글이 달린다. '글이 너무 길어서 패스.' 게다가 난독증도 상당하다. '전산 마비로 기차표를 못 구했습니다'라는 글에 '전신마비인데 어떻게 여기다 글을 쓰죠?'라고 당당히 따져 묻고, '좋은 아이크림 추천받습니다'라는 질문에 '뭐니 뭐니 해도 구구콘이죠'라고 답하는 분들을 보면, 내가 다 이상해질 정도다. 배우 하정우가 뺑소니차에 치인 뒤 200미터를 쫓아가 범인을 잡았다는 기사의 댓글을 보라. '좋은 사람이라 생각했는데 인생 끝났네요. 뺑소니를 치고 어떻게 도망갈 생각을 하지?'"

요즘은 짧은 글에만 익숙해지다 보니 긴 글에 대한 독해력이 떨어지는 사람들이 많습니다. 난청증도 문제입니다. 대개 남의 말을 끝까지 듣지 않기 때문에 발생하는 문제입니다.

노구치 사토시는 『순식간에 마음을 사로잡는 대화 습관』에서 "대부분의 사람들은 뭔가를 말하면 상대방을 이해시키고 자신의 생각대로 움직일 수 있다고 여긴다. 하지만 이것은 환상이다. 말만으로는 사람을 절대 움직일 수 없다. 말 속에서 감정이 느껴져야 상대를 움직일 수 있다. 따라서 어떤 사람이 사용하여 좋은 결과를 얻은 말을, 내가 설득이나 프레젠테이션을 할 때 그대로 사용한다고 해도 성공을 장담할 수는 없다"고 말합니다.

노구치 사토시에 의하면 '대화법'이라고 하면 '말'을 연상하는 사람이 많고, '나는 어휘력이 부족해서 남들과 잘 어울리지 못한다'고 오해하는 사람이 많지만, 심리학 연구에 따르면 사람의 인상을 결정할 때 말의 중요도는 7퍼센트에 불과하다고 합니다. 나머지 93퍼센트는 첫 번째는 아이 콘택트, 두 번째는 표정, 세 번째는 목소리, 네 번째는 보디랭귀지(태도, 몸짓)라는 것인데요. 노구치 사토시는 "대화는 말뿐만 아니라 마음을 주고받는 일"이라면서 듣는 힘에 대해 이렇게 강조합니다.

"듣는 힘을 가지면 자신의 주위에 존재하는 사람들의 경험과 아이디어, 재치, 지혜를 접할 수 있다. 물론 그들은 기꺼이 그 재산을 당신에게 빌려준다. 그들도 이야기를 잘 들어주는 사람이 없으면 자신이 가진 재산을 깨닫지 못하기 때문이다. 아무리 실력이 뛰어난 사람이라도 그 능력은 열 사람의 경험과 지혜에는 대적할 수 없다. '듣는 힘'을 기르면 많은 사람들의 힘을 빌려 위기를 극복하고 기회를 확대하는 아이디어를 얻을 수 있다. 그뿐만이 아니다. '듣는 힘'을 연마하면, 사람과 마음을 터놓고, 사람의 지친 마음을 달래고 의욕을 이끌어내며, 자신이 무엇을 해야 하는가를 깨달을 수도 있다. 때로는 이야기를 듣기만 해도 상대방을 설득할 수 있다. 이렇듯 '듣는 힘'에는 당신이 생각하는 것보다 백배나 큰 가치가 있음을 인식하자."

● **캐릭터를 잘 파악하라**

배우가 연기를 할 때 대본에 나오는 캐릭터를 잘 파악해야 좋은 연기를 할 수 있듯, 작사가도 가수와 어울리는 곡을 쓰기 위해 캐릭터 파악이 중요합니다.

작사가 김이나는 『김이나의 작사법』을 통해 "주제의 한계를 극복하려면 캐릭터에 개성을 불어넣어야 한다. 가사 속의 캐릭터는 화자(가수)의 성격, 환경, 성별 등 다양한 요소로 이루어지는 한 명의 가상 인물이다. 똑같은 이별을 겪더라도, 누군가는 말없이 보내주고 누군가는 지질하게 매달리고 또 누군가는 복수의 칼을 간다. 이러한 차이는 앞서 열거한 '다양한 요소'의 조합이 내는 결과다"라고 말하면서 다음과 같이 덧붙입니다.

"나는 작사 작업을 앞두고 가장 먼저 곡의 분위기를 파악한 뒤, 이 캐릭터 설정 단계에서 가장 많은 시간과 공을 들인다. 이번 주인공은 '소심한가', '순정파인가' 하는 굵직한 성격에서부터 '경험은 많은가', '연애 당시 최선을 다한 사람이었는가' 하는 세밀한 요소까지 스케치한다. 그래야만 가사 전체를 통해 나타나는 '인물'이 실제 존재하는 사람처럼 느껴지고, 다른 사랑 노래들과 차별화되기 때문이다."

하물며 인터뷰는 가상 인물이 아니라 실존하는 인물을 직접 반영하는 텍스트입니다. 그 사람의 세밀한 요소까지 스케치한 후 상대방의 캐릭터에 맞는 섬세한 접근법이 필요합니다. 수줍어하는 사람에게 윽박질러선 안 되고, 정치인 같이 노련한 경우엔 다소 공격적일 필요가 있지만, 어설프게 공격했다가 되치기를 당할 수도 있습니다.

그때는 자기 중심이 중요하겠지요. 자기 중심을 잡되 중심을 낮춰야 합니다. 인터뷰는 운동 경기를 할 때 수비하는 것과 그 역할이 비슷합니다. 하지만 많은 사람들이 인터뷰를 공격이라고 착각하고 있는 듯합니다. 수비는 열 번 잘하다가도 한 번 실수하면 욕먹는 일이고, 눈에 잘 띄지도 않습니다. 하지만 경기를 조율하고 지배하는 것은 의외로 수비 능력에 달려 있습니다.

인터뷰는 일종의 롤 플레잉 게임입니다. 자신의 역할을 충실히 연기해야 하는데, 그러기 위해서는 대본을 잘 파악해야 되는 것이죠. 여기서 대본이란 당연히 상대방에 대한 철저한 분석을 바탕으로 한 질문지와 시놉시스일 겁니다. 예식장과 장례식장에서의 행동과 말이 다를 수밖에 없듯이, 이것이 정극인지, 희극인지, 상대방이 어떤 성향을 가진 캐릭터인지를 파악하면 자신이 어떤 톤의 연기를 해야 될지 결정하기 쉽겠지요. 그러면 숙달된 무술 연기자들처럼 합이 맞춰질 거고요.

●   **진심으로 공감하기**

작가 윌리엄 마운트포드는 "상대의 슬픔을 느끼는 것은 적선보다 더 힘들다. 돈은 인간의 자아 바깥에 있지만, 공감은 자기 영혼과의 대화이기 때문이다"라는 말로 공감의 어려움을 이야기한 바 있습니다. 공감은 동의와는 다르고, 아부도 아닙니다. 우리는 단지 고민을 들어주고, 공감을 해주길 원하는 친구에게 "너만 힘든 거 아냐. 난 더 힘들었어. 사는 게 다 그렇지. 다들 그렇게 살아"라는 말로 찬물을 끼얹는 경우가 많습니다. "너 좀 유난 떠는 거 아니니?"라는 말은 가슴에 비수를 꽂습니다.

샘 혼은 『적을 만들지 않는 대화법』에서 힘들다며 자기 고민을 털어놓기 시작하는 사람에게 "'그건 그렇게 나쁘기만 한 건 아냐', '우리 밝은 면을 보자고' 등의 말을 건네는 건 힘든 상대를 북돋아주기보다는 섭섭하게 만들기 쉽다"고 지적합니다. '처음부터 완벽하게 해내려 들면 안 되지', '내일이면 기분이 나아질 거야' 같은 이성적인 분석도 상대방의 기분을 망칠 수 있다는 거고요. 근거 없는 긍정적인 말은 상대방의 반발을 살 수도 있습니다. 상대방의 기분에 대한 이해 없이 말하면 무책임하게 들릴 수 있고요.

어느 목사가 상담하러 온 신도들에게 바쁜 일이 있어 잠깐 다녀올 테니 이야기를 나누고 있으라고 한 후 돌아오니 신도가 단 한 사람만 남아 있었다고 합니다. 다들 자신의 고민을 털어놓는 것만으로 문제가 해결이 된 것이지요. '나만 고민이 있었던 것은 아니었구나' 하고 안도하게 된 거고요. 목사는 남아 있던 한 사람에게 물었습니다. "무슨 고민이 있으신지요?" "아뇨, 목사님. 다들 집에 갔다는 말씀을 전해드리려고 남았어요." 이 이야기처럼 누군가가 자신의 이야기를 들어주고, 그것이 자신만의 고민이 아니라는 것을 스스로 깨닫게 되는 것만으로 답답한 마음이 풀리는 경우가 많습니다.

샘 혼은 "공감해주는 사람에게 마음의 고통을 털어놓는 것만으로도 이야기하는 사람은 긴장 상태에서 벗어나 상황을 해결할 준비를 갖출 수 있게 된다"고 말합니다.

배우 故 박용하 씨는 생전 어느 인터뷰에서 이렇게 말했습니다.

"그래프를 그리자면 점점 원하지 않는 하향 곡선을 타고 있다가 다시 다른 작품으로 올라오기도 한다. 강한 철도 뜨겁게 달구었다가 차갑게 했다가 반복을 하면 뚝 부러진다. 사람은 감정이 있다. 사랑을 많이 받다가 무관심을 느끼고 그게 반복이 되니까 외로웠다. 이유 없이 항상 우울했다."

유명인의 경우 생각보다 많은 사람들이 우울감에 시달립니다. 그런 사람들을 대할 때 공격적인 경우도 문제지만, '당신은 유명인이라서 좋겠어요'라는 태도로 대화나 인터뷰에 임하면 공감을 얻는 인터뷰가 되기는 어렵겠지요.

인터뷰어는 인터뷰이에게 공감하고 있다는 것을 알리기 위해, 또는 그 이야기에 감정이입을 해서 충분히 공감했다고 착각하기 쉽습니다. 그래서 어마어마한 고통을 당한 사람에게 '당신 마음을 다 안다'는 식의 화법은 오히려 감정적 반발을 사기 쉽습니다. 사실 상상할 수 없는 고통을 당한 사람의 마음을 이해하기란 쉽지 않으며 그런 일을 겪은 사람들은 상당한 피해 의식을 가지고 있을 가능성이 높습니다.

그때는 충분히 이야기를 듣고, 어느 정도 그 감정이 이해가 간다 싶을 때, 상대방의 마음이 어느 정도 누그러졌다 싶을 때 "그 심정 다 이해할 순 없겠지만, 저도 비슷한 일을 겪은 적이 있어요. 그래서 조금은 알 수 있을 것 같습니다"라고 조심스럽게 말하는 것이 좋은 대화의 방법입니다.

● **인터뷰이에게 존중감을 드러내는 방법**

백영옥 작가는 자신의 인터뷰집 『다른 남자』에서 이렇게 이야기합니다.

"나를 사랑한다는 그 어떤 남자의 말은 자신을 사랑해달라는 말일 수 있고, 나를 오해하고 있다는 말일 수 있고, 내가 그를 위해 많은 걸 버려주길 바란다는 말일 수도 있지. 단순히 나를 소유하고 싶거나 심지어 나를 자기 몸에 맞게 구부려서, 그 변형된 형태를 갖

고 싶다는 뜻일 수도 있고, 자신의 무서운 공허나 외로움을 틀어막
아달라는 말일 수도 있어. 그러니까 누군가 나를 사랑한다고 말할
때, 내가 처음 느끼는 감정은 공포야."

인터뷰는 이런 사랑의 속성과 닮은 부분이 있는지도 모르겠습
니다. 인터뷰이와 친밀함을 형성하고 싶어서 '나는 당신에게 관심이
있다. 존경한다'고 건넨 말이 인터뷰이에게 공포로 느껴질 수도 있습
니다. 인터뷰이에게 쓸데없이 공격적인 것도 문제가 있지만(대개 자신
이 없어서일 것이고), 어설픈 아부도 인터뷰이의 신뢰를 얻지 못할 수
있습니다.

'헤어스타일이 멋져요' 등의 직접적인 말은 아부처럼 느껴져 상
대방을 거북하게 하거나, 수줍음이 많은 인터뷰이로부터는 '아, 네'
하고 거기서 답변이 끝나 어색해지는 상황이 될 수도 있습니다. 하지
만 '머리 어디에서 하셨어요?'라고 물을 경우에는 대답이 더 길게 이
어질 수도 있죠.

인터뷰를 하러 가면 저는 시작하기 전에 그 사람의 CD, 책,
DVD 이런 것들을 꺼내어 놓습니다. 어쩌면 인터뷰어로서 뭔가 한
수 접고 들어가는 느낌을 주는 행동에 대해 많은 기자들은 그렇게
하는 것이 아마추어적이라고 할지도 모르겠습니다. 하지만 사람을
대할 때 뭔가 살가운 말을 건네지도 못하고, 넉살이 좋지도 못한 저
는 그런 행동으로 '나는 당신을 만나기 위해 나름의 준비를 하고 왔
어요'라는 메시지를 전합니다. 상대에게 경외심을 갖고 있거나 존경
심이 크면 그만큼 어려운 질문을 던지기 어렵습니다. 그런 면에서 인
터뷰 전에 그런 행동을 보이는 것은 문제가 있는 행동처럼 보일 수도
있습니다. 그때마다 저는 마음속으로 몇 번이고 되뇌입니다. '당신을

존중하고, 존경합니다. 저는 충분히 질문할 거리를 가지고 있어요. 그렇지만 당신에게 불편한 질문도 할 수 있습니다.'

●   **유머를 적절히 구사하라**

한국유머전략연구소 최규상 소장이 지은 『유머 손자병법』에는 이런 내용이 나옵니다.

1984년 미국 대통령 선거 먼데일 후보와 레이건 후보. 먼데일이 고령 의 레이건을 물고 늘어지자 레이건은 이렇게 말했다.

"먼데일, 이번 선거에서 나는 나이를 문제 삼지 않겠습니다. 당 신이 너무 젊고 경험이 없다는 사실을 정치적으로 이용하지 않겠다 는 말입니다."

노예제도 폐지 문제가 이슈화되면서 한 의원이 링컨에게 말했다.

"링컨, 당신은 두 얼굴을 가진 이중인격자요."

그러자 링컨은 침착하게 대답했다.

"내가 만약 두 개의 얼굴을 가지고 있다면 오늘처럼 중요한 날 하필이면 못생긴 얼굴을 갖고 나왔겠습니까?"

리오 로스튼은 "유머란 깊이 있는 관찰 결과를 다정하게 전달하는 방법"이라고 했습니다. 우리 주변에는 깊이 있게 관찰하지도, 그 결 과를 다정하게 전달하지도 못하는 사람들이 너무 많은 것 같습니다. 마크 트웨인은 "웃음은 의사들에게 지불해야 할 돈을 줄이는 것이기 때문에 우리의 호주머니에 있는 돈과 같다"고 했고, 간디는 "나에게 유머를 즐길 수 있는 센스가 없었다면 자살하고 말았을 것이다"라고 했습니다. 그 말처럼 평소 유머 감각이 있는 사람은 어려운 상황에 처해도 회복 탄력성이 뛰어나다고 합니다.

적당한 유머는 대화 분위기를 부드럽게 이끌어주기도 합니다. 그리고 상대방의 공격으로부터 자신을 방어하는 유용한 수단이 되기도 하고, 상황을 반전시킬 수도 있습니다. 인터뷰 중 적절한 유머를 구사할 수만 있다면 유머는 인터뷰이와의 대화를 매끄럽게 이어주는 윤활유가 되어줄 것입니다.

PART 7

인터뷰는 결국 기록이다

▶

"나는 지적 파파라치다. 파파라치가 대중들에게 말초적인 호기심을
충족시켜 주는 것이라면 나는 대중들의 지적인 호기심을 채워주는
파파라치가 되고 싶다."

2002년에 펴낸 첫 인터뷰집에 쓴 글입니다. 14년 전이나 지금이나 같은
마음입니다. 전혀 발전하지 못한 걸까 하는 노파심도 들지만, 제게 여전히
대중들의 호기심과 저의 호기심을 채울 공적 수다와 기록들이 더 많이
필요한 것 같다는 사실에 마음이 놓이기도 합니다. 그것이 조금씩 세상을
나아지게 만들 수 있다면 더없이 기쁠 것이고요.

"실제로는 과묵하지만, 매체 속에서의 지승호는 한국의 그 누구보다도
수다스럽다. 그만큼 많은 사람을 만나 "말 좀 해보세요"라고 말을 시키고,
수다스러운 국면을 만들어내는 사람은, 지승호밖에 없다. (…) 지승호의
수다는 번잡스럽지는 않지만, 누구나 그와 수다를 떨었던 사람은,
그 얘기가 시간이 조금 지나면 책으로 출간되어 모두가 볼 수 있게
나온다는 사실을 각오해야 한다. (…) 지승호의 이 수다는 일종의 뜨개질과
비슷한 건데, 날줄과 씨줄을 엮어나가는 그의 인터뷰는, 이걸 통해서
한국의 저자들이나 학자들을 하나로 연결시키는, 그런 작업이 된다."

우석훈 박사는 '지승호라는 사나이에 대한 단상'을 이렇게 표현을 했습니다.
우석훈 박사가 기대했던 거대한 뜨개질은 완성하지 못한 것 같지만,
인터뷰어를 꿈꾸는 후배들이 그것을 바탕 삼아 뜨개질을 완성해줄
것이라는 믿음을 가져봅니다. 결국은 '기록'인 인터뷰의 세상에서
인터뷰어 지승호의 장점과 단점을 파악해, 어떤 것은 지양하고
어떤 것은 지향하여 '읽고 쓰며' 말이죠.

글은 글이되 글이 아니고, 말은 말이되 말이 아닌 기묘한 장르가 바로 인터뷰 글쓰기입니다. 무릇 글쟁이는 자기만의 문체가 있어야 한다고 하지요. 확실히 저보다 인터뷰를 잘하시는 분들의 인터뷰 글을 보면, 인터뷰어의 이름이 적혀 있지 않아도 그 사람만의 느낌이 담겨 있더군요. 김어준의 인터뷰에서는 늘 김어준이 보이고, 김혜리의 인터뷰에서는 늘 김혜리가 보이는 것처럼 말입니다. 인터뷰는 인터뷰이의 것이니 인터뷰어가 보이지 않는 것이 당연하다고 주장하고 싶지만, 어쩌면 자기 문체가 없는 자의 비겁한 변명일지도 모르겠습니다. 자기만의 고유한 색깔이라는 것은 아무리 드러내지 않으려 해도 송곳처럼 튀어나올 수밖에 없는 것일 테니까요.

무라카미 하루키는 "소설가란 많은 것을 관찰하고, 판단은 조금만 내리는 일을 생업으로 삼는 인간이다. 최종적인 판단을 내리는 것은 독자이지 작가가 아니기 때문"이라고 말합니다. 인터뷰어 역시 그런 태도를 취해야 하는 것이 아닐까 마음에 새깁니다. 저의 인터뷰집 『더 인터뷰』를 읽은 어떤 독자가 이런 리뷰를 썼습니다. "책에 실린 인터뷰를 읽고 오지은, 한희정이라는 가수를 처음 알았는데, 인터뷰를 다 읽고 난 후 내가 좋아하는 가수라는 착각이 들었다." 인터뷰이가 더 궁금해지고 그래서 그 사람의 책이나 음반, 영화를 찾아보게 되는 것 역시 의미가 있습니다. 저는 그걸로 족합니다. 그 사람을 담백하게 보여주고, 그로 인해 사람들이 그들에 대해, 사회에 대해, 역사에 대해 좀 더 관심을 가지고 알 수 있게 된다면 그것만으로도 충분히 가치 있는 글일 겁니다.

저는 단지 '누가 표현한 사람'보다 그냥 '사람' 그 자체를 읽는 듯한 느낌을 주고 싶었습니다. 그러려면 기교를 최대한 억제해야겠지요. 사실 별 기교가 없는 것이 역설적으로 도움이 된 적도 있었습니다. '아, 이건 누구의 글이다'라고 단번에 각인되지 못하는 것은 글쟁이로서는 단점이지만, 인터뷰어로서는 장점일 수도 있습니다. 조각같이 잘생긴 배우는 돋보이지만 막상 그 잘생긴 얼굴 때문에 다양한 배역을 맡는 데 걸림돌이 되기도 합니다. 오히려 평범한 듯 보이는 배우들이 다양한 배역을 맡아서 더 큰 배우로 성장하는 경우가 많습니다. 송강호, 최민식, 설경구, 황정민, 하정우 등 우리가 아는 톱 배우들이 전형적인 꽃미남은 아니잖아요. 쓰다 보니 인터뷰에 있어서 화려한 글재주가 필요한 것은 아니라는 말을 참 길게도 하고 있습니다.

정봉주 전 의원은 저와 인터뷰를 한 후 〈이상호의 손바닥 뉴스〉에 출연해서 "지승호가 내 인터뷰를 하고 나서 쓴 글을 보고, 우리처럼 예민한 사람들은 글투 하나하나가 내 감정을 노출했는지, 분노를 노출했는지, 나의 기쁨을 노출했는지 보거든. 내 숨소리까지 노출시킨 거야. 심장박동 소리까지 노출시켰더라고"라고 했고, 그 말을 듣고 있던 이명선 아나운서는 "지승호 씨가 쓴 저의 인터뷰 글에는 제 눈물이 있어요"라고 말했습니다. 인터뷰어로서 들을 수 있는 감사한 말 중의 하나죠. 물론 늘 이렇게 인터뷰이와 교감이 잘 이루어졌던 것은 아닙니다.

그렇지만 두 분의 말에서 제 인터뷰 스타일을 파악할 수 있을 것 같기도 합니다. 저는 '내가 이 사람의 심장박동 소리를 이렇게 느꼈어요. 이 사람의 슬픔을 느꼈습니다' 이런 인터뷰 방식을 선호하지 않습니다. 그냥 그 사람의 말로, 그만의 숨소리와 눈물을 독자들이 바로 느낄 수 있게 하고 싶은 거죠.

소설가 정유정은 "'여기 시체가 있다'는 직무유기예요. 작가는 독자에게 시체를 안겨줘야 해요. 무게, 질감, 냄새, 시체의 모든 것을"이라는 말을 한 적이 있습니다. 소설과 인터뷰는 분명 차이가 있지만, 저는 그런 방식을 취하고 싶습니다.

독자들은 같은 인터뷰집을 보고도 극단적인 반응을 보입니다. '이 인터뷰어는 견해가 없다.' '답변을 유도하려고 한다.' 어쩌면 인터뷰는 그 사이에서 외줄을 타는 일이겠지요. 인터뷰의 본질은 뭔가 멋진 것을 만들어내는 것이 아니라 그 사람의 결을 그대로 보여주는 거라고 믿습니다. 그게 비록 투박해 보일지라도 말입니다. 물론 어떤 사람의 생각을 끌어내는 일은 쉽지 않고, 그 사람의 생각에 가깝게 표현해내는 것은 만만치 않은 일이라는 생각이 듭니다. 15년 전에 이 두려움을 미리 알았다면 감히 시작할 엄두를 못 냈을지도 모르겠습니다.

● **무조건 쓰기 시작하라**

"미래의 위대한 소설가가 되리라 결심을 했으면서도 정작 단 한 줄도 쓰지 못하는 학생들을 나는 너무 많이 보아왔다. 만약 당신이 책상 앞에 앉을 때마다 무언가 위대한 작품을 쓰리라 기대하는 사람이라면, 대개 커다란 절망으로 끝나기 쉽다는 걸 명심하라. 이런 기대감이 글쓰기를 포기하게 만드는 요인이 된다."

나탈리 골드버그가 쓴 『뼛속까지 내려가서 써라』 중 일부분입니다.

이 말을 좀 패러디하자면 위대한 인터뷰어가 되리라 결심을 했으면서도 정작 단 한 명도 만나지 않고, 기록을 하지 않는 사람들이 많습니다. 무언가 엄청난 인터뷰를 해내겠다고 기대하는 사람이라면 대개 커다란 절망으로 끝나기 쉽고, 이런 기대감이 인터뷰어라는 꿈을 포기하게 만드는 요인이 될 수 있죠. "일단 만나라. 그리고 기록하라. 처음부터 엄청나게 훌륭한 인터뷰를 해낼 수는 없지 않겠나. 15년을 하고 있는 지승호도 별반 대단한 인터뷰를 해내지 못하고 있지 않나?" 이런 말을 해주고 싶습니다. 적당히 기대치를 낮춰야 일을 시작할 수 있지요. 늘 하는 말이지만, 불펜에서 160킬로미터의 구속으로 공을 던지면서 정작 마운드에 서면 스트라이크 하나 던지지 못하는 투수를 관중들이 기억할 리 없습니다. 요즘은 어떤 분야든 대중과의 교감을 필요로 합니다. 팬들은 만루 홈런을 맞더라도 그다음 경기에 다시 등판해 꿋꿋하게 스트라이크를 던질 수 있는 선수에게 응원을 보내지 않을까요?

저는 한국 사회에서 좌파가 우파에게 자꾸 지는 이유 중 하나가 이거라고 생각합니다. 우파는 잘하든 못하든 대중들의 사랑을 받으려고 무대에 계속 오르는데, 좌파들은 잘한다는 소문은 익히 들었지만 정작 대중이 그의 노래를 들어본 적이 없는 거죠. 그러면 인기 투표를 하면 누굴 찍을까요? 당연히 노래는 못해도 이름은 들어본 적이 있는 가수를 찍지 않을까요? 여기서 미디어의 불균형을 말하는 건 사실 아무 의미가 없는 거예요. 미디어의 불균형을 깨보고자 지속적으로 노력하는 사람들에게 힘을 실어준 적도 없는 것 같습니다. 매체가 없다고요? 뭐 여기저기 있는 인터넷 언론이나 블로그, SNS를 활용해도 되지 않을까요? 저 역시 초기에는 인터넷에서 시작했습니다.

"첫 줄을 쓰는 것은 어마어마한 공포이자 마술이며, 기도인 동시에 수줍음이다"라는 소설가 존 스타인벡의 말이나 "글쓰기가 힘들다고 느껴진다면 그것은 글쓰기가 정말로 힘들기 때문이다"라는 윌리엄 진서의 말이 아니더라도 타인에게 보여주는 글쓰기를 한다는 것은 두려운 일입니다. 알랭 드 보통은 "아무 것도 하지 않는다'는 두려움이 '잘 해지 못한다'는 두려움을 초월할 때, 비로소 일하기 시작한다'라고 말했습니다. 만화가 강풀 역시 "100번의 습작보다 한 번의 실전작이 낫다. 습작을 많이 하다 보면 어느 정도 타협을 하게 되고, 스스로 한계를 규정하게 되는 것 같다"고 했지요. 처음부터 위대한 작품을 만들어낼 생각을 내려놓고 실패작이더라도 하나하나 완성해보는 경험을 갖는 것이 중요합니다.

"지나치게 많은 준비를 하고, 문제를 철두철미하게 파악해서 실수를 하지 않으려 하는 것도 사실 자신감 부족에서 오는 면이 있어요. 그리고 이런 습관은 시간을 엄청 잡아먹죠." 독일 총리 앙겔라 메르켈의 말처럼 지나치게 완벽하게 해내려고 하는 것도 자신감 부족일 수 있습니다.

● **기록, 전부 아니면 전무(All or Nothing)**

"사실 번역이라는 게 워낙 어려운 작업이에요. 자기 생각을 글로 쓰는 것보다 품이 훨씬 많이 들죠. 번역은 한 문장이라도 막히면 그걸 뚫기 위해서 하루 온종일을 고민해야 하거든요. 자기가 번역할 때는 눈에 안 들어오는데, 남의 오역은 귀신처럼 눈에 들어와요. 그래서 번역자들끼리 다른 사람의 오역을 지적하면서 인터넷에서 싸움을 벌이기도 하죠. 그렇게 남의 오역을 지적하던 분이 곧바로 자기가 번역한 책의 오류를 줄줄이 지적받기도 해요. 자기 실력이 바로 탄로 나기 때문에 교수들이 번역을 피한다는 생각도 들어요. 번역하다가 자기 실력 탄로 나고 욕먹는 것보다는 논문 쓰는 편이 한결 부담이 덜하죠. 그래서 저는 어지간한 오역이 있어도 일단은 번역자에게 감사해하는 편이에요. 외국어로 읽는 수고를 덜어준 것만 해도 고마우니까요. 일본처럼 제때에 다른 나라 책이 번역되어 나오기만 해도 해외유학의 필요성은 훨씬 줄어들 거예요."

김대식, 김두식의 『공부 논쟁』 중 번역의 중요성에 대해 언급한 부분입니다. 김두식 교수의 지적대로 번역은 쉬운 작업이 아닙니다. 하지만 지금 한국에서 번역은 논문을 쓰거나 유력지에 칼럼을 쓰는 것에 비해 훨씬 하찮은 일로 취급을 받고 있는 것이 사실입니다. 게다가 다른 사람의 오류에 대해서는 어찌나 매섭게 지적하는지 어쩌면 교수들이 번역을 피하는 게 아닐까 하는 생각이 들 정도입니다. 자기 실력이 탄로 나서 욕먹는 것보다는 논문 쓰는 것이 한결 부담이 덜 되는 상황인 거죠.

하지만 김두식 교수의 말대로 어지간한 오역이 있어도 일단은 외국어로 읽는 수고를 덜어준 번역자에게 감사하는 마음이 필요하지 않나 싶습니다. 인터뷰 역시 마찬가지입니다. 인터뷰로 책을 한 권 엮어내려면 그 사람에 관한 자료를 거의 다 찾아 모으고, 새로운 이야기를 끌어내기 위해서 긴장감 있는 대화를 나누고, 막노동에 가까운 녹취 작업과 교정이라는 지난한 과정을 거쳐야 합니다. 육체적, 정신적, 시간적 노력을 상당히 쏟아야 하는 일입니다. 아시다시피 이런 일에 대한 보상은 크지 않죠. 박수만 쳐줘도 감사할 텐데, 받아쓰기, 속기사, 녹음기 등 온갖 비아냥대는 소리를 듣다 보면 '내가 이걸 왜 하고 있지? 무슨 부귀영화를 누리겠다고⋯⋯'라는 생각이 절로 듭니다.

하지만 기록이 있고 없고의 차이는 '전부 아니면 전무(All or Nothing)'의 차이만큼 큽니다. 있는 것과 없는 것은 천지 차이인 거죠. 저 역시 매체가 없어 초기에는 인터넷을 활용했습니다. 그러다가 단행본을 매체로 택했습니다. 자기 매체가 없는 핸디캡을 단행본으로 극복하려고 한 거죠.

어떤 사람이 자신의 기록을 남겨 놓는다는 건 중요합니다. 다른 사람들이 그걸 보면서 교훈으로 삼아 시행착오를 줄일 수도 있고, 감동을 느낄 수도 있겠지요.

영화감독 허우 샤오시엔은 "생각하는 것은 물 위에 글을 쓰는 것이다. 그건 그냥 흘러가버린다. 돌 위에 글을 써야 한다. 그래야 남는다. 영화를 찍는 것은 돌 위에 글을 쓰는 것이다. 생각만 해서는 안 된다. 바로 지금 영화를 찍어야 한다"라고 했습니다. 기록을 남긴다는 것은 돌 위가 아니라 역사 위에 글을 새기는 것입니다.

독일 민주주의의 교사, 독일의 비공식적 양심, 독일 정체성의 생산 공장이라고 불리는 귄터 그라스는 "작가는 승자의 자리에 앉아서는 안 된다. 역사가는 승자의 이야기를 쓰지만, 작가는 패자의 이야기를 써야 한다"고 했습니다. 알랭 드 보통은 『뉴스의 시대』에서

"주류 언론은 우리가 노동의 종말, 정의의 본질, 시장의 적절한 역할 같은 보다 고유하면서도 폭넓은 질문들은 제기하지 못하게 막는다" 고 말했습니다. 우리는 패자의 이야기를 남기기 위해 계속 질문을 하고, 기록해야만 합니다.

●   **사람에 대한 이해를 위한 독서**

인간을 이해하는 데 직접 경험하는 것만큼 효과가 큰 것은 없는 것 같습니다. 다만 직접 경험이 어려우니 책을 읽는 것이겠지요. 책을 읽는 것은 사람에 대한 이해의 폭을 넓히는 것과 동시에 좋은 글을 쓸 수 있는 토양이 되기도 합니다.

미국의 희극인 그로우초 막스는 "남들의 실수에서 배워야 한다. 그 실수를 다 직접 겪어보기에는 인생이 짧다"고 했고, 서머싯 몸은 "책 읽는 습관을 기르는 것은 인생에서 모든 불행으로부터 스스로 를 지킬 피난처를 만드는 것이다"라고 했으며, 소크라테스는 "남의 책을 읽는 데 시간을 보내라. 남이 고생한 것으로 쉽게 자기를 개선 할 수 있다"고 했습니다. 다른 사람의 실수 같은 경험이나 책을 통한 간접 경험으로 시행착오를 줄이거나, 자신을 개선할 수 있다는 이야 기일 겁니다.

그렇다면 어떤 책을 읽으면 좋을까요? 사실 저도 그때그때 읽어 야 할 책들이 많아 고전을 많이 읽지 못하지만 고전만큼 검증된 책 은 없겠지요. 앙드레 말로는 "오랜 세월을 거치는 동안 많은 사람들 에게 칭찬받아 온 책은 틀림이 없다. 한 세대가 잘못 보아도 인류는 결코 잘못 보지 않는다"고 했습니다. 하지만 고전을 읽기만 한다고 해서 자기 것이 되지는 않습니다. 고전을 읽고 사색을 해보고 그것에 대한 글을 남기면 더 생생하게 자기 것으로 남겠지요.

버지니아 울프는 "해마다 셰익스피어의 비극 『햄릿』을 다시 읽고 그때마다 감동을 글로 남기면 그것은 사실상 우리의 자서전을 기록하는 것이나 다름없다. 왜냐하면 인생 경험이 풍부할수록 인생에 대한 셰익스피어의 해석도 그만큼 더 절실하게 와 닿기 때문이다"라고 말합니다. 그 책을 읽어내면서 변화된 자신의 내면을 기록하는 것은 자서전을 쓰는 것이나 다름없다는 이야기입니다. 인터뷰는 사람을 잘 이해하기 위한 수단입니다. 그리고 그 인터뷰를 통해서 사람을 잘 이해하는 대화를 하기 위해서는 인간의 심리와 사회를 잘 이해해야 할 것입니다.

소설가 줄리언 반스는 『파리 리뷰』와의 인터뷰에서 "쇼펜하우어는 자신이 읽은 관련 도서들보다 도스토옙스키에게 더 많은 심리학을 배웠다고 말했어요"라는 인터뷰어 수샤 거피의 물음에 이렇게 답을 합니다.

"그럼요. 그게 소설이 사라지지 않으리라 예상되는 이유죠. 적어도 지금까지는 심리학적 복잡성과 자기 성찰, 숙고를 소설처럼 다룰 수 있는 대체물은 없어요. 영화의 기능은 소설과 많이 다르고요. 시드니에서 임상 치료를 전문으로 하는 정신과 의사 친구가 있어요. 그는 광기에 대한 셰익스피어의 묘사가 임상적 관점에서 보면 절대적으로 완벽한 설명이라고 주장해요."

요즘 지하철이나 버스에서 책을 읽는 사람들을 찾아보기가 힘이 듭니다. 스마트폰으로 영화나 TV 프로그램을 보는 분들이 대부분이죠. 하지만 '사색하는 뇌를 작동'시키는 데는 고전소설만 한 것이 없다고 말하는 전문가들이 많습니다.

서평가인 로쟈 이현우는 "책은 3차원적이고 영화는 2차원적입니다. 책은 평면적이기 때문에 그걸 활성화하려면 3차원적 이미지를 머릿속에 그려야 해요. 반면 영화는 이미 3차원적 이미지를 보여주기 때문에 정보를 평면적으로만 인지하는 겁니다. 뇌가 덜 작동하죠"라고 말합니다.

그리고 범죄심리학자 표창원은 도스토옙스키의 『죄와 벌』 같은 책을 읽으면서 범인의 심리를 공부했다고 합니다.

"다른 사람을 이해하고 공감하는 능력, 그런 부분들도 역시 독서를 통해 고전을 통해서 많이 얻었습니다. 어떻게 살아야 될 것인가의 문제, 삶에 있어서 내가 취해야 될 원칙, 결코 타협의 대상이 아닌 기준, 가치, 이것은 무엇인가, 어느 정도 타협할 수 있는 것은 어떤 것이고, 쉽게 버릴 수 있는 것은 어떤 것인가, 하는 것을 습득하는 데 있어서 위대한 작가들이 평생 걸쳐서 써낸 역작들, 고전들이 많은 도움을 줬습니다."

"저널리즘은 독자로 하여금 역사를 목격하게 하지만, 픽션은 독자로 하여금 역사를 살게 한다"라는 소설가 존 허시의 말처럼, 고전소설은 타인의 삶을 더 생생하게 체험하게 해줄 수 있는 훌륭한 매개일 것입니다.

김규항은 "글쓰기 책을 읽는다고 해서 글을 잘 쓸 수 있거나 좋은 글을 쓸 수 있는 건 아니다. 글쓰기에 도움을 주는 건 느린 독서, 고독한 사색, 인간의 이면에 대한 관심 같은 것들이다. 그것을 대체할 방법은 없다"고 말합니다.

흔히 글쓰기 비법은 다독(多讀), 다작(多作), 다상량(多商量)이라고 합니다. 많이 읽고, 많이 쓰고, 많이 생각해보는 수밖에 없다는 거지요.

고종석 작가는 『고종석의 문장』을 통해 이렇게 말합니다.

"모든 뛰어남이라는 것은 본질적으로 타고나는 겁니다. 음악이나 수학은 재능을 타고나지 않으면 아무리 노력해도 다다를 수 없는 한계가 있습니다. 그렇지만 글쓰기는 수학이나 음악과 다릅니다. 충분한 훈련이나 연습으로 크게 개선할 수 있습니다. 대부분의 글쓰는 사람들은 나이가 들면서 점점 더 글이 나아집니다. 특히 산문가들의 경우에 그렇습니다. 그렇다는 건 글쓰기가 재능에 달린 게 아니라 많은 부분이 훈련에 달려 있다는 걸 뜻합니다. 재능도 필요하지만, 노력이 훨씬 더 필요하다는 말입니다."

글쓰기는 훈련할수록 나아진다는 겁니다. 그리고 살면서 어마어마한 불후의 문학작품을 남기겠다고 생각하지 않은 바에야 엄청난 문장력이 필요한 경우는 별로 없습니다. 오히려 다른 사람들을 설득할 수 있는 논리가 필요한 경우가 더 많겠죠.

인터넷의 육아 일기 같은 것이 화제가 될 때가 있습니다. 전문가들이 쓴 글보다 더 반향을 일으키는 이유는 공감할 수 있는 글이기 때문입니다. 그래서 사람들은 그 글에 '어머, 우리 애도 그랬었는데요' 하며 댓글을 다는 것이겠지요. 위에서 언급한 것처럼 자기 생각을 솔직하게 쓰는 것만으로도 그 글은 힘이 있을 수 있습니다. 오히려 좋은 글을 쓰기 위해서는 하지 말아야 할 것들이 있습니다.

소설가 김중혁은 《씨네21》 1003호에 실린 유시민 작가와의 대담에서 이런 말을 합니다.

"일단 글쓰기를 시작하고 나면 빈틈은 반드시 생기기 마련이다. 이 빈틈을 무엇으로 채우느냐에서 어쩌면 글쓰기의 본질이 드러난다. 어떤 사람은 이걸 자신도 알지 못하는 지식과 허영으로 채운다. 그 순간 글은 독이 된다. 그 빈자리는 상대에 대한 공감, 대상에 대한 이해로 채워야 한다. 글쓰기라는 건 삶의 태도가 묻어나는 일이다. 좋은 문장을 남기려 집착하기보다는 정확히 내가 어떤 사람이고 무슨 말을 하고 싶은지부터 찾아나갈 필요가 있다. 물론 글쓰기는 누구나 할 수 있는 거다. 하지만 글쓰기 재능이 있다면 그건 문장력이 아니라 공감하는 능력이 아닐까. 공감을 해야 관찰이 시작되고 관찰을 하려면 주의 깊게 들여다보는 시간이 필요하다. 그걸 잘할 수 있는 게 기본이다. 그런 의미에서 아쉽지만 우리 사회가 사실 글쓰기를 잘할 수 있는 분위기는 아닌 것 같다."

글을 쓰거나 인터뷰를 할 때 새겨들을 만한 중요한 말입니다. 글쓰기나 말하기에서 생기는 빈틈을 자신도 알지 못하는 지식과 허영으로 채울 때 그 글과 대화는 독이 됩니다. 특히 산전수전 다 겪은 인터뷰이 앞에서 괜히 아는 척해서 속으로 '이 사람 뭐야?'라는 의구심을 갖게 하기보다는 솔직히 그 부분을 잘 이해하지 못했다고 말하고, 솔직하게 자기표현을 하는 것이 낫습니다.

김중혁 작가는 "글쓰기란 나와 내 속에 있는 타인과의 대화다. 그 대화가 얼마나 잘 전달되는가에 따라 좋은 글이 결정되는 거다. 말하듯이 글 쓰는 게 중요한 이유도 그 때문이다"라고 말합니다. 인터뷰는 더더군다나 '내 속에 있는 타인'이 아닌 진짜 타인과 하는 대화입니다. 그렇기 때문에 공감하는 능력이 훨씬 더 중요합니다.

● **남의 텍스트도 꼼꼼히 읽어야 한다**

유시민 작가는《씨네21》대담에서 이렇게 말합니다.

"공감 능력은 남의 텍스트를 읽을 때도 필요하다. 텍스트를 판단하고 비평하기 이전에 그 텍스트를 쓴 사람이 이야기하고자 하는 바가 무엇인지, 왜 그렇게 이야기하는지에 대해 들여다봐야 한다. 하지만 진보 매체에서 칼럼을 쓰는 젊은 세대를 보면 그런 점에서 아쉽다. 필자가 비평의 대상이 된 사람에게 감정이입해 그 사람의 입장에서 충분히 생각해본 다음 글을 쓴 건지가 의심스러운 경우가 무척 많다. 그렇게 하지 않고 자신이 이미 가진 것만으로 모든 것을 해석하려 한다면 그 사람은 끝내 발전할 수 없다. 비평을 하려면 타인을 먼저 '읽어야' 하고 남의 텍스트를 읽는다는 건 결국 내가 바뀌는 과정이다. 풍부해지고 깊어지고 넓어지는 과정. 예를 들어 10년 전 어떤 친구가 등장했을 때 젊은 논객의 등장이 반가웠는데, 10년이 지나 이제 높아져 있겠지 싶어서 다시 살펴보면 여전히 야트막한 동산에 있다. 텍스트를 비평할 때 상대 입장에서 상상을 못하니까 배우는 게 없고 발전이 안 되는 거다."

SNS를 하다 보면 남의 글을 엉뚱하게 읽는 사람들을 많이 보게 됩니다. 아니, 저 역시 순간 다른 사람의 글을 잘못 독해하는 경우가 많습니다. 대부분 마음이 급해서, 그 글을 이미 그렇게 읽으려고 하면서 읽었기 때문일 겁니다.

김중혁 작가는 그 이유에 대해 "자기 텍스트의 빈 곳을 지식으로 채우다 보면 그렇게 된다. 말하듯이 글 쓰는 것도 중요하고 그만큼 듣듯이 읽는 것도 중요한 것 같다. 이야기를 들어야 하는데 자기 말을 하기에 너무 급하니까 듣지 못한다. 그게 잘 읽지 못하는 이유인 것 같다"고 말합니다. 이야기를 들을 때는 일단 들어야 합니다. 들으면서 자기가 하고 싶은 말을 생각하고 있으니 잘 듣지 못하는 것이겠지요. 잘 들어야 대답을 잘할 수 있는 것처럼 자기 내면으로부터의 말을 잘 들어야 좋은 글을 쓸 수 있겠죠.

그렇다면 잘 쓰기 위해서는 어떻게 해야 할까요. 남의 텍스트를 꼼꼼히 읽어야 합니다. 읽을 때는 우선 읽고, 잘 읽어야 잘 쓸 수 있는 것이겠죠.

●   **글을 소리 내어 읽어보라**

사극을 보면 선비들이 책을 소리 내어 읽는 것을 볼 수 있습니다. 글은 읽으면서 외우기 쉽다는 이유도 있겠지만, 그만큼 글과 리듬이 뗄 수 없는 관계를 맺고 있다는 뜻일 겁니다. 사람마다 각자 다른 생체 리듬을 가지고 있죠. 느린 사람이 있고, 빠른 사람도 있습니다. 그래서 그들을 같은 교실에서 공부하게 하는 것 자체가 폭력적일 수 있다고도 합니다. 다른 많은 이들이 좋다며 권한 책이 도저히 읽히지가 않아서 '어, 내게 문제가 있나?' 하는 생각을 누구나 한 번쯤 해 봤음직 한데요. 그건 리듬이 맞지 않는 겁니다. 그 책과 내 몸의 리듬이 맞지 않는 거죠. 그러면 굳이 읽고 소화해내려고 하기보다는 리듬이 맞는 비슷한 다른 책을 찾아보는 것도 좋습니다. 요즘은 사람들이 글도 잘 쓰지 않을뿐더러 자기 글을 다듬기 위해 소리 내어 읽어보는 일은 더더욱 드문 것 같습니다. 하지만 많은 글의 고수들이 소리 내어 읽어보기를 권합니다. 그 과정에서 자기만의 글 리듬을 몸에 익히게 되겠죠.

허지웅 기자는 자신의 글쓰기 원칙에 대해서 이렇게 말합니다.

"제일 신경 많이 쓰는 건 글 자체의 운율감이다. 단문과 장문은 담고 있는 정보의 많고 적음을 떠나 서로 쓰임이 전혀 다르다. 그 둘을 적절하게 운용하여 읽는 사람이 운율감을 느끼고 지치지 않게 한다. 그러려면 퇴고 과정에서 원고를 입으로 소리 내어 읽는 게 중요하다. 내가 의도한 호흡이 잘 작동하는지 확인할 수 있다. 더불어 웬만한 비문은 이때 다 잡힌다. 소리 내어 읽는 것만큼 좋은 교정 도구는 없다."

유시민 작가 역시 "중간에 혀가 꼬이면 그건 안 좋은 글이다. 숨 쉴 틈 없는 문장은 눈으로 읽어도 힘들다. 글에도 숨을 쉴 수 있는 공간들이 있어야 눈도 쉬고 리듬감도 산다"라고 말합니다. 작가 스티븐 킹 역시 "나는 문장이 아니라 문단이 글쓰기의 기본 단위라고 생각한다. 글을 잘 쓰려면 문단을 잘 이용하는 방법을 배워야 한다. 그러려면 많은 연습이 필요하다. 장단을 익혀야 하기 때문이다"라고 합니다. 단행본을 300권 넘게 낸 강준만 교수는 자신의 생각을 일단

말로 정리해서 녹음을 한 후 나중에 들으면서 글을 쓰는 경우도 있다고 합니다.《딴지일보》김어준 총수도 『닥치고 정치』 원고를 쓸 때 혼자 중얼중얼 떠들어가면서 썼다고 하고요. 많은 작가들이 공히 이야기하는 것은 자기만의 리듬을 찾으라는 이야기입니다.

인터뷰는 기본적으로 말을 글로 옮기는 만큼 상대적으로 문장을 만들기 쉬운 것은 사실이지만 입말과 글은 미묘하게 차이가 납니다. 말을 글로 옮겨놨을 때 리듬감이 전혀 안사는 경우도 있고요. 조사 하나에 뉘앙스가 완전히 바뀌어버리기도 합니다. 그러니 녹취를 풀고, 교정을 하면서 어떻게 해야 원래 뜻에 가까울지 고민을 하면서 써야 합니다.

소리 내어 읽는 것은 글을 잘 쓰게 되는 효과뿐만 아니라 그것을 잘 기억하게 하는 효과도 있습니다. 데일 카네기의 『성공대화론』에는 '왜 링컨은 크게 소리 내어 읽었는가?'라는 질문이 나옵니다. 답은 "소리 내어 읽으면 두 가지 감각을 사용하게 된다. 우선 읽을 때 눈으로 볼 수 있고, 귀로 들을 수 있어 더 잘 기억할 수 있다"는 것이었죠.

인터뷰의 경우 무엇보다 실제로 인터뷰를 많이 해보고, 녹취를 해보는 것이 도움이 될 텐데요. 평소에 인터넷 게시판에 긴 글을 써서 자신의 생각을 표현하거나, 논쟁을 해보는 것도 글쓰기에 도움이 된다고 생각합니다.

이태준의 『문장강화』에는 이런 구절이 나옵니다.

"담화를 그대로 끌어오는 것은, 인물의 의지와 감정과 성격의 실제 면모를 드러내기 위해서라 하였다. 담화는 내용이 표시하는 뜻만이 아니라 인물의 풍모까지 간접적으로 나타내는 음영이 있는 것이니, 이런 효과까지 거두기 위해서는 뜻에 맞는 말이되, 되도록은 의

지와 감정이 담기게, 통틀어 성격적이게 쓸 필요가 있다.”

　소설에서 ‘담화’는 인물의 의지, 감정, 성격의 실제 면모를 드러
내기 위해서 쓰입니다. 그와 마찬가지로 인터뷰이가 실제로 쓰는 어
투와 선택한 단어만큼 그 사람의 성격을 그대로 보여주는 것은 없겠
지요. 그걸 훼손하지 않고 보여주는 것이 인터뷰어의 역할입니다. 뭘
더하는 게 아니고, 일단은 훼손하지 않는 것이 먼저입니다. 자신의
새로운 해석을 보여주고 싶다면 다른 글을 써서 ‘나는 이 사람을 이
렇게 해석했다’고 쓰면 되겠지요.

　그러기 위해서는 인터뷰이들의 말투를 정확하게 살리는 것이
중요하겠죠. 이것이 제가 문답식을 고집하는 이유입니다. 대화를 읽
으면서 독자들이 그 사람에 대해서 가장 잘 느낄 수 있는 방법이기
도 합니다. 그래서 많은 독자들이 제 인터뷰 글을 읽으면서 ‘둘이 나
누는 이야기를 옆에 앉아 듣는 것 같다’고 느꼈을 것입니다. 물론 말
과 글은 미묘하게 다른 것이니, 윤색과 편집은 필요합니다. 중언부언
하는 부분은 줄이고, 그 이야기를 좀 더 정확하게 전달할 수 있도록
편집하는 경우도 있고요. 방송과 책은 좀 다른 매체이니까요.

　TV 토크쇼 프로그램에서 출연자의 사투리를 시대적 교양과 맞
지 않는다는 이유로 성우의 목소리로 더빙하면 프로그램이 매끈해
지기는 하겠지만, 인터뷰 대상자의 숨결이 느껴질까요? 그런데 종이
매체가 아님에도 불구하고 문어체로 고치거나 기자의 입맛에 맞게
바꾸는 것이 친절함으로 포장되니 답답하다는 생각이 듭니다. 물론
그런 인터뷰도 필요하겠지요.

　『문장강화』에는 ‘진지’와 관련해서 여러 가지 다양한 대화의 예
를 제시합니다.

"진지 잡수셨습니까? 잡쉈습니까? 잡수셨어요? 잡쉈어요? 잡수셨에요? 잡쉈에요? 잡수셨나요? 잡쉈나요? 잡수셨수? 잡쉈수? 진지? 진진?"

　이렇게 다양한 표현들을 통해 우리는 대화 당시의 분위기는 물론, 그 사람의 성격, 두 사람의 관계, 지금 현재의 상황 등을 짐작하고 유추해볼 수 있습니다. 김어준 총수의 인터뷰에서 '졸라'와 그 유쾌한 반말투의 말을 제외하고 그를 표현할 수 있을까요? 그래서 저는 앞으로도 문답식 인터뷰을 최대한 활용하려고 합니다. 프롤로그, 에필로그 외에는 개입을 자제하는 인터뷰를 지향합니다. 그럼에도 불구하고 주제를 정하는 데서부터 첫 질문, 마지막 질문까지 인터뷰어가 인터뷰 전체를 장악하고 있다는 사실은 달라지지 않으니까요.

●　　　　　　　　　　　　**글쓰기는 유희가 아니라 노동이다**

우리는 흔히 글쓰기나 예술 활동은 유희라고 생각하는 경우가 많습니다. 특히 우리 사회는 그런 사람들이 생활고로 인해 자살하거나 영양실조 같은 병으로 유명을 달리했다는 뉴스를 듣고 나서야 잠깐 관심을 가집니다. 그리고 이내 잊어버리죠. 그 와중에도 '자기가 좋아하는 일하다가 죽은 걸 어떻게 하나?'고 볼멘소리를 하는 사람들도 있습니다. 글쓰기에 대해 이야기를 하면 알코올 중독에 걸린 천재적 감성을 가진 특별한 인물이 순간 번뜩하는 영감을 얻어 글을 쓴다고 생각하는 사람들이 많습니다. 물론 그런 작가도 있겠지요. 하지만 훨씬 더 많은 작가들은 회사원이 회사에 출근해서 업무를 보고 퇴근 시간이 되면 퇴근하듯이 시간을 정해 매일같이 꾸준히 글을 씁니다. 일정한 체력이 갖춰지지 않으면 글이 나오기 힘들다고 하고요. 그래서 무라카미 하루키는 마라톤을 하고, 정유정 작가는 등산과 복싱을 하는 것이겠지요.

나탈리 골드버그는 『뼛속까지 내려가서 써라』에서 이렇게 말합니다.

"사람들은 글쓰기가 육체적인 노동이라는 사실을 잘 이해하지 못한다. 하지만 글쓰기는 생각하는 행위만으로 이루어지는 일이 아니다. 그것은 시각, 촉각, 후각, 청각 등 모든 지각 능력과 관계하고 있다. 또 반드시 손을 계속 움직여 써 내려가는 과정이 있어야 하나의 작품이 탄생된다. 머릿속에서 떠오르는 생각만으로는 아무런 결과물도 생산할 수 없는 것이다. 그러므로 글쓰기 훈련은 하나의 글을 완성하기까지 중간에 포기하거나 멈추지 않고 지속적으로 써 내려가는 것, 끊임없이 글쓰기를 방해하는 생각들을 육체적으로 물리쳐야 한다는 원칙을 가지고 있다. 그리고 여기에는 글쓰기가 단지 사고 능력과 아이디어만으로 이루어지리라는 고정관념을 잘라내는 과정이 포함된다."

마음과 육체가 따로 노는 것이 아니란 말이겠지요.

김탁환 작가는 『천년습작』을 통해 이렇게 말합니다.

"우리는 선택해야 합니다. 예술을 노동으로 받아들일 것인가, 유희로 볼 것인가. 전문가(직업인)에게 있어서 예술은 노동이고, 아마추어나 감상자에게 있어서 예술은 유희입니다. 또한 아마추어에게는 좋은 예술가나 좋아하는 형식, 스타일이 정해져 있지만 프로는 모든 영역을 다 다룰 줄 알아야 합니다. (…) 노동이란 무엇일까요. 땀방울입니다. 일정한 시간을 정해놓고 하염없이 자신의 노동력을 투여하는 겁니다. 우리는 지난 시간에 발자크의 지칠 줄 모르는 글쓰기를 통해 소설이 과연 노동이구나 하는 느낌을 받았습니다. 소설 노동자 발자크의 입상을 만들 이는 조각 노동자 로댕뿐입니다. 또 그 조각 노동자 로댕의 삶을 살피고 평할 이는 시 노동자 릴케겠지요. 예술과는 참 어울리지 않는 이 '노동'이라는 말의 의미를 곰곰이 따져봅시다. 노동에 이어 우리는 이 예술을 노동이라고 생각하는 이들 곁에서 다음과 같은 딱딱한 단어들을 만나게 됩니다. 작업, 일, 수공, 의무, 단련 등……. 흔히 노동자를 육체노동자와 정신노동자로 나누고, 예술가를 후자의 대표적인 예로 드는 경우가 종종 있습니다. 이것은 명백한 오해입니다. 예술가는 육체노동자이자 정신노동자입니다. 육체는 정신의 깨달음을 전달하는 도구에 머무르지 않습니다. 오히려 조각가의 손, 발레리나의 발은 그 자체로 하나의 존재입니다."

제가 건설 현장에서 일할 때 '막노동을 제대로 하려면 아이큐가 150은 되어야 한다'고 말하는 기술자를 만난 적이 있습니다. 위험한 공사 현장에서 주먹구구식이 아니라 제대로 일하려면 그 정도의 지력이 필요하다는 뜻이겠지요. 모든 일이 정신노동과 육체노동을 포함하는 것일 텐데, 글쓰기 같은 경우 정신노동 측면만 생각하는 경우가 많은 것 같습니다.

●   **연습 또 연습**

세계적인 첼리스트 파블로 카잘스에게 BBC 방송 기자가 물었습니다. "당신은 이제 95세이고, 세상에서 가장 위대한 첼리스트로 인정받고 있습니다. 그런데 아직도 하루에 여섯 시간씩 연습하는 이유가 무엇입니까?" 카잘스는 이렇게 대답했다고 합니다.

"나도 그만두고 싶지만, 연습하면 내 연주 실력은 지금도 조금씩 향상되고 있기 때문이오."

명창 故 박동진 선생은 72세 되던 해인 1988년, 오효진 기자와의 인터뷰에서 이렇게 말했습니다.

"요즘도 하루에 두 시간 이상은 꼭 연습을 하는디요. 연습할 걸 꼭 자로 재서 하는디, 가령 춘향이가 옥중서 고생한다. 여기서 시작하면 어사또 만나는 디까지 오늘 해야겠다. 그러면 거기까지 꼭 연습을 해놔요. 왜 내가 매일 연습을 해야 하느냐? 내 머릿속엔 가사가 백팔십 시간이나 들어 있거든. 춘향가 여덟 시간, 심청가가 일곱 시간, 흥보가가 다섯 시간, 적벽가가 여섯 시간, 수궁가가 네 시간…… 이렇게 백팔십 시간의 가사가 들어 있다 이 말이라. 그런디 이걸 연습을 안 한다 하면 가사를 잊어버린다 이거요. 옛말에 사흘 글을 안 읽으면 입에서 가시가 돋는다 했는디, 그와 한가지지."

이런 대가들조차 연습만이 살 길이라고 말합니다. 글쓰기 역시 마찬가지겠지요.

현대 야구의 마지막 4할 타자로 불리는 테드 윌리엄스는 『타격의 과학』에서 이렇게 말합니다.

"나는 배트에 굉장히 신경을 많이 쓰는 편이고, 또 가능한 한 아무 때고 휘두를 수 있도록 가까이 두곤 했다. 배트에는 실오라기 하나도 붙어 있지 않도록 관리했고 조금이라도 긁히거나 색이 벗겨지지 않도록 조심했다. 그렇게 하지 않으면 정신이 산만해지기 때문이었다. 유니폼도 마찬가지인데, 모자가 너무 조이거나 바지가 너무 펑퍼짐하거나 소매가 펄럭거리는 건 질색이었다. 나는 신경을 거슬리는 것들은 모두 싫어해 배트의 상표도 보이지 않도록 아래쪽으로 돌려서 스윙을 하곤 했다. 나는 매일 밤마다 알코올로 배트를 닦았다. 배트를 우체국으로 들고 가서 그 무게를 달아보기도 했고, 나중에는 레드삭스 클럽하우스에 저울을 들여놓기도 했다. 나는 35인치(약 89센티미터)길이에, 무게는 33온스(약 936그램)인 배트를 주문했지만 종종 33.2온스나 34온스짜리 배트가 오곤 했기 때문에, 항상 다시 체크를 해야 했다."

목수가 연장 탓하느냐는 말이 있지만, 초특급 목수는 연장을 탓하기도 합니다. 자신이 글쓰기에 가장 적합한 환경, 하다못해 마음에 드는 필기구, 마음에 드는 책상, 마음에 드는 장소를 찾기 위한 노력이 그래서 필요할 수도 있습니다. 일단 좋은 글을 쓰고자 하는 마음가짐을 갖추는 것, 일단 앉아서 쓰는 것이 가장 중요하겠지요.

● **같은 이야기를 들어도 다르게 기록된다**

저 역시 '같은 사람에게 똑같은 이야기를 듣고 녹음을 해서 얘길 푸는데 왜 내용이 다를까?'라는 의문을 가진 적이 있습니다. 그러다가 이 글을 보고 무릎을 쳤죠. 옌스 쿤트겐이 지은 『생각 발전소』에는 이런 구절이 나옵니다.

"총소리보다 더 짧고 간명한 게 있을까? 그런데 그런 총소리마저 듣는 사람마다 다르게 듣고 다르게 재현한다. 독일 사람들은 '팽',

미국 사람들은 '크랙', 한국 사람들은 '탕', 스페인 사람들은 '품', 영국 사람들은 '뱅'이라고 표현한다. (…) 이 모든 재현들이 어느 정도 비슷하기는 하지만 똑같지는 않다. 사람들은 별다른 뜻 없이 자기가 들었던 것을 그대로 이야기하지만, 그 이야기는 서로 다르다. 서로 견해가 다른 사람들의 경우 그 다른 정도는 훨씬 심해질 수도 있다. 그런데 다른 사람에게 사실에 대한 이야기를 전할 때면 거의 대부분 그 다른 견해란 것이 개입되게 마련이다."

짧은 총소리마저 살아온 환경과 문화적 배경에 따라 다르게 표현합니다. 좋은 인터뷰는 강연을 듣고 받아 적는 것이 아니라 기본적으로 대화입니다. 인터뷰어는 견해가 다르고, 살아온 방식이 다른 사람의 이야기를 자신의 틀에 맞게 잘 해석해서 대화를 이어가야 합니다. 그게 크게 어긋나지 않는 것이 좋은 인터뷰겠지요. 그러니 대화의 방향이 틀어질 때마다 기록은 그 방향으로 틀어질 수밖에 없습니다. 그 방향이 틀어지지 않게 하기 위해서는 상대의 언어를 잘 분석하고, 그 상대와 왜 그런 언어를 사용해서 대화를 하게 되었는지 이해해야 하겠지요.

그런데 똑같은 이야기를 듣고 와서도 기록이 달라지는 것은 무슨 이유일까요? 같은 책을 읽어도 사람마다 어느 부분을 중요시하고, 어느 부분에 밑줄을 치는지가 다 다릅니다. 그걸 보면 그 사람의 독서 내공을 알 수 있는 것처럼 같은 이야기를 들어도 다른 기록이 나오는 것이 인터뷰어의 내공이나 세계관의 차이 같은 것이겠지요.

김탁환 작가는 『천년습작』에서 인터뷰에 대해 이렇게 이야기합니다.

"놀랍게도 대부분의 사람들은 유아론자(唯我論者)입니다. 세상을 오직 '나'를 중심으로 판단한다는 것이죠. 내가 죽고 나서도 이 세계가 존재한다는 명백한 사실을, 보통 사람들은 받아들이기 힘들어 합니다. 죽고 나면 그뿐이니까요. 가장 끔찍하고 또 강력한 앎은 유아론적인 앎입니다. 자기 안에 견고하게 앎의 체계가 잡혀서 외부의 어떤 힘에도 흔들림이 없지요. 자기 안의 절대가치를 최고로 놓고 나머지를 배제하는 방식입니다. (…) 내 것, 내 삶, 내 가족, 내 나라…… 끝도 없이 펼쳐지지요. 인터뷰는 이 유아론과의 싸움입니다. 사이(inter)에서 본다(view)는 것은 내 것만이 아닌 내 것이 아닌 것과의 관계를 따지기 때문입니다."

세상 사람들의 대부분은 아닐지라도 정말 자신을 중심으로 생각하고, 판단하는 사람들이 너무나 많습니다. 김탁환 작가의 말대로 인터뷰는 그 유아론과의 싸움입니다.

같은 뉴스를 봐도 사람들은 너무나 다르게 반응합니다. 어린 시절부터 성폭행을 당해온 아이가 부모를 신고했다는 뉴스를 보고 대부분은 '저런 짐승 같은 놈'이라고 반응하겠지만, '어떻게 낳아준 부모에게 그럴 수가 있어'라고 생각하는 사람들도 있는 세상입니다. 이처럼 같은 이야기를 듣고도 나와 다르게 말하는 사람과도 대화의 접점을 찾아내 생각을 듣는 것이 인터뷰어의 일입니다.

● **인터넷 정글에서 살아남기**

인터넷 공간이 하나의 거대한 글쓰기 공간이자 초대형 게시판이 되어버린 요즘, 인터넷 글쓰기는 일상입니다. 그 글쓰기 원칙을 4가지로 요약해봤습니다.

하나, 과감하게 쓰고 댓글에 용감하게 대응하되 겸손해야 합니다. 인터넷 글쓰기 공간은 일방적으로 자신의 뜻을 전달하려는 것이 아니라 쌍방향으로 의견을 교환하면서 교감을 형성하는 곳입니다. 하지만 이곳은 나르시시즘과 사디즘의 공간이기 때문에 종종 악화가 양화를 구축하기도 합니다. 얼굴을 직접 마주하지 않은 공간이어서 상대방을 고려하지 않고 공격하기 때문에 결국 마음이 약한 사람이 상처받고 떠나게 되고, 원한을 품게 됩니다. 이 때문에 인터넷 글쓰기를 위해서는 온갖 종류의 댓글에 용감하게 대응하되, 겸손함을 잃지 말아야 합니다. 욕설에 욕설로 대응하는 것은 실명을 드러낸 사람에게는 치명적입니다. 욕먹은 상대는 나쁜 감정을 지닌 채 익명으로 계속 괴롭힐 가능성이 높으니까요. 글로 빚은 원한은 만년이 간다는 말이 있습니다. 모든 글쓰기에서 금과옥조로 삼아야 할 원칙이지만 특히 인터넷 글쓰기에서는 중시해야 할 원칙이겠지요.

둘, 가르치기보다는 공감하는 글쓰기를 해야 합니다. 네티즌들은, 아니 요즘 대중들은 가르치려는 글을 싫어합니다. 그들은 가르침을 받기보다 공감하기를 원합니다. 전문가나 지식인에 대한 혐오를 드러내기도 하고, 논문식의 딱딱한 형식이나 문체보다는 실험적 글쓰기에 호응하기도 하고요. 종종 그러한 인터넷 글쓰기를 폄하하는 사람들도 있지만, 인터넷 글쓰기는 소크라테스가 말한 "깨달음을 얻을 수 있는 대화"에 가장 가까운 글쓰기입니다. 틀린 의견에는 반박하고, 근거가 부족한 부분에는 보충 설명을 붙이는 과정을 통해 성찰을 얻을 수 있기 때문입니다. 한 사람의 열 걸음보다 열 사람의 한 걸음이 사회를 진보시킨다는 현대 민주주의의 덕목이기도 합니다.

셋, 인터넷은 정글이며 '개성'은 정글에서 살아남는 유일한 길입니다. 진입 장벽이 거의 없고 아무나 글을 쓸 수 있는 만큼, 정글에서처럼 뭔가 특별한 재능이 없다면 살아남기 힘듭니다. 가장 힘이 세든지, 가장 높이 날든지, 가장 빠르든지, 아니면 너무 사소해서 자신 이외의 사람은 관심을 가지지 않든지, 잘 숨든지, 어떤 것이든 한 분야에서 최고가 아니면 안 됩니다. 아마추어가 프로를 이길 수 있는 공간이지만, 그만큼 더 치열한 공간이기도 합니다. 그래서 일부 네티즌들은 관심을 끌기 위해 무리하게 글을 올리다 물의를 일으키기도 합니다.

인터넷만큼 2등이 대접받기 힘든 곳도 없습니다. 그러나 무조건 1등의 글쓰기를 추종하는 것도 좋지 않습니다. 성공한 이들은 '안전'과 '안정'을 추구하게 마련입니다. 그들을 따라하면 자기 스타일의 글을 완성할 수 없습니다. 오히려 그들을 통해 결정적 실수와 실패를 피해갈 수 있는 지혜를 얻는 게 옳습니다. 오랜 전통을 가지고 있는 종이 매체들이 《허핑턴 포스트》나 《버즈 피드》 같은 인터넷 매체나 네이버, 다음 같은 포털사이트, 페이스북, 트위터 같은 SNS에 뉴스의 전파 기능을 빼앗긴 것이 현실입니다. 핵심은 개성입니다. 진중권 교수는 "21세기는 베스트가 아니라 유니크의 시대다. 베스트는 100명이 시험을 보면 1명 내지 그 이상이 나오지만, 거기서 유니크가 나온다는 보장은 없다"고 했습니다.

넷, 독자와 커뮤니케이션을 이어갈 수 있는 자기만의 편집 통로를 만들어야 합니다. 저의 꿈은 칼럼니스트였습니다. 그러나 한국에서 칼럼을 쓰려면 높은 진입 장벽을 뚫어야 합니다. 교수나 전문가가 아니면 신문에 기고할 수 없는 데 반해, 인터넷에 자기 생각을 칼럼으로 올리는 사람은 수없이 많습니다. (처음부터 의도한 것은 아니지만) 저는 인터뷰라는 장르를 선택했고, 상대적으로 경쟁자가 적은 이곳에서 몇 년 동안 인지도를 쌓아 '전문 인터뷰어'라는 호칭을 얻을 수 있었습니다.

자신이 얼마나 노력하느냐에 따라, 어떤 창구를 통해 얼마나 독특한 생각을 전달하느냐에 따라 문은 열려 있습니다. 《오마이뉴스》나 《딴지일보》 같은 곳을 통해 스타 기자가 된 사람도 많고, 블로그와 SNS 등을 통해 인기를 얻은 뒤 팬이 생기면 오프라인으로 진출할 수도 있습니다.

《미디어몹》에서 〈헤딩라인 뉴스〉를 진행했던 이명선 아나운서가 요약한 인터넷 뉴스의 특징에는 시사점이 많습니다.

"제가 인터넷 뉴스를 하면서 느낀 건 시청자들과의 거리가 좁아졌다는 거죠. 쌍방향 커뮤니케이션이 가능하기 때문입니다. 게다가 예전에는 팩트를 접할 수 있는 기자 군단이 따로 있었어요. 팩트에는 기자가 접근하고, 시청자는 그 기자의 글이나 말을 통해서만 보고 듣고 알 수 있었습니다. 기자가 하나의 권력층이 되었던 거죠. 하지만 지금은 인터넷을 통해서 네티즌이라는 이름으로 팩트에 접근할 수 있는 사람이 굉장히 많습니다. 이 팩트를 어떤 시각으로 풀어낼 것인지가 핵심으로 뉴스의 개념이 바뀐 것 같아요."

팩트보다는 팩트를 해석하는 시각이 중요한 시대가 됐다는 말입니다. 문화심리학자 김정운은 자신의 저서 『에디톨로지』에서 "지금까지는 선택과 집중의 시대였죠. 하나만 열심히 하면 된다고 생각했어요. 이건 산업 사회의 이데올로기예요. 21세기는 정보가 넘쳐나는 시대예요. 정보는 누구나 얻을 수 있어요. 중요한 것은 그것을 어떻게 편집하느냐입니다"라고 합니다. 21세기는 정보가 넘쳐나는 시대라 정보는 누구나 쉽게 얻을 수 있기 때문에 중요한 것은 넘쳐나는 뉴스 가운데 어떤 것을 선택하고, 그것을 어떻게 해석하고, 편집하느냐 하는 것이 관건이라는 것이겠지요.

● **문체는 사실을 넘지 못한다**

김규항 선생이 그랬습니다. "우파는 자신의 양심만 건사하면 되지만, 좌파는 타인의 양심까지 건사해야 되니 더 어렵다." 본인의 글과 인터뷰 글의 차이에도 그런 측면이 있지 않을까요? 자신이 쓰는 글은 자신의 생각만 건사하면 되지만, 인터뷰는 다른 사람의 생각까지 건사해야 하니 결코 만만한 글이 아닙니다.

미국의 언론인 조지프 퓰리처는 "무엇을 쓰든 짧게 써라. 그러면 읽힐 것이다. 명료하게 써라. 그러면 이해될 것이다. 그림과 같이 써라. 그러면 기억 속에 머물 것이다"라고 했습니다. 저 역시 새겨둬야 할 말인 것 같습니다. 짧게, 명료하게, 그림과 같이 써서 인터뷰이와 독자의 기억에 머물 수 있게 노력해야겠지요.

고종석 작가는 『고종석의 문장』에서 이렇게 씁니다.

"글을 쓰면서 똑같은 말을 반복하면 윤기가 없어 보입니다. 활기도 없어 보이고요. 그럴 때 유의어 사전을 들춰보시면 됩니다. 또 대립되는 개념을 사용하려는데 단어가 안 떠오르면 반의어 사전을 이용하세요. 개념을 알고 있는 어떤 낱말이 떠오르지 않을 때는 연관어 사전이 필요합니다. 사전을 옆에 두고 들춰보는 건 글쓰기에서 굉장히 중요합니다."

인터뷰는 속성상 했던 이야기가 반복적으로 나오는 경우가 많습니다. 지루함을 피하기 위해 그 중복을 없애버리면 풍성함과 여백이 사라져버리는 경우도 있고요. 그래서 사전을 옆에 두고 평소에 많은 단어를 익혀 두는 것이 풍성한 글쓰기에 도움이 될 듯합니다.

"문체는 사실을 넘지 못한다."

故 구본준 기자의 말입니다. 문체보다 중요한 것은 사실, 즉 취재의 힘이겠지요. 많은 소설들이 상상력만으로 이루어지는 것이 아니고, 치밀한 취재를 통해서 이루어집니다. 인터뷰의 경우에는 두말할 나위도 없을 것 같고요. 제 글쓰기 원칙이라는 것이 있다면 '어려운 단어는 쓰지 않는다. 문장을 예쁘게 할 욕심을 버리고 가장 대중적인 단어를 골라 쓴다'는 정도입니다. 문장에 대해서는 칭찬을 들어본 기억이 별로 없습니다만 언젠가 북 칼럼니스트 고현진 씨가 "지승호의 글은 읽기 껄끄러운 단어가 없다. 그래서 참 편하고 쉽다. 그런데도 할 말은 다하는 글쟁이다"라고 칭찬을 해주었을 때 참 기뻤습니다.

스티븐 킹도 『유혹하는 글쓰기』에서 비슷한 말을 합니다.

"글쓰기에서 정말 심각한 잘못은 낱말을 화려하게 치장하려고 하는 것으로, 쉬운 낱말을 쓰면 어쩐지 좀 창피해서 굳이 어려운 낱말을 찾는 것이다. 그런 짓은 애완동물에게 야회복을 입히는 것과 마찬가지다."

그리고 '평발'이라는 말을 두고 '편평족'이라고 쓰지 말고, '똥을 누었다' 대신 '생리 현상을 해결했다'고 쓰지 말라고 덧붙이면서 굳이 천박하게 말하라는 게 아니라 평이하고 직설적인 표현을 쓰라고 조언합니다. 저는 모든 글이 일정하게 실용적인 면을 가지고 있는 일종의 격문이라고 생각합니다. 그 글을 본 사람이 사소하게나마 행동하게 만드는 것이 중요합니다. 그래서 제 인터뷰를 보고 '문장이 좋았다'라는 반응보다는 '이 인터뷰를 읽고 나서 그 사람의 음악을 찾아 듣게 되었다', '그 사람의 영화가 다시 보고 싶어졌다'라는 말을 들을 수 있다면 좋겠습니다.

● **내 인터뷰가 롱테이크인 이유**

저의 인터뷰가 롱테이크인 이유는 CBS 라디오 〈행복한 책 읽기〉에서 답한 내용을 옮겨둡니다.

이명희 – 편집 없이 늘 인터뷰 전문을 실으시는데 특별한 이유가 있으신가요?

지승호 – 편집이 전혀 없진 않은데요. 되도록이면 다 살리려고 노력합니다. 어떤 분이 엄청난 롱테이크라고 표현하시던데요. 그게 컷을 이어 붙이는 것보다 전체적인 분위기를 보여주는데 도움이 될 수 있다고 생각하거든요. 그 대신 그렇게 하기 위해서는 여러 돌발 변수를 감안해서 엄청난 사전 준비와 감각을 필요로 합니다. 물론 배우 역할을 하는 인터뷰이들의 내공이 그만큼 받쳐줘야 되고요. 녹음기 들이댄다고 주야장천 얘기해주는 것도 아니지 않습니까? 준비 없이 의미 있는 텍스트가 만들어지기도 쉽지 않고요. 그 사람의 한 단

면만 짧게 보여줘서 '이 사람이 이러니까 사랑스럽지 않아?' 하는 식은 감정을 강요하는 면이 있다고 봅니다. 요즘 사람들은 그런 방식에 거부감을 갖고 있거든요. 저는 그렇게 단정적으로 얘기하는 방식이 아니라 '이 사람이 이런 부분도 있고, 저런 부분도 있고, 요런 부분도 있고, 때로는 단점도 있는데, 그럼에도 불구하고, 아니 오히려 그렇기 때문에 더 사랑스러울 수 있는 거 아냐?' 이렇게 얘기하고 싶은 거죠. 저도 어떤 사람을 보고 와서 '내가 보니 이 사람은 파란색이더라' 하고 얘기할 수 있습니다. 사람 성격이 쾌활하다고 해서 우울한 부분이 전혀 없는 것도 아니거든요. 그러니까 그 사람의 입을 통해 자연스럽게 '나는 파란 부분도 있고, 빨간 부분도 있고, 때로는 하얀 부분도 있는 것 같더라. 어떨 때는 녹색으로 보이지만, 사실은 내 생각에는 노란색인 것 같다' 하는 걸 다 보여주고, 판단은 독자가 하시라고 하는 거죠. 인터뷰어가 규정하는 것보다 독자들이 '다 읽고 나니까 이 사람을 좀 더 알게 된 것 같다'고 하는 게 더 효과적인 것 같고요. 그래서 그렇게 긴 인터뷰를 하고 제가 상당히 많은 얘기를 함에도 불구하고, 인터뷰 대상자만 보이지, 저는 보이지 않는다는 말을 합니다. 저는 그게 인터뷰어로서 올바른 태도라고 보고요. 인터뷰를 하고 나서 '난 이 사람을 이렇게 봐. 이 사람의 이런 면을 사랑해'라고 얘기하는 게 아니라 다 읽고 나면 '이 사람이 이 사람을 되게 사랑하는 것 같구나. 나도 비슷한 감정을 느끼게 되네' 하는 것을 자연스럽게 느낄 수 있었으면 좋겠다는 생각을 합니다.

PART 8

인터뷰어가
갖추어야 할 자질

▶

"그 어떤 견해도 그와 모순되는 견해와 충돌하는 것을 볼 때까지는 믿지 말라"는 비스마르크의 말이 있습니다. 어떤 이야기를 들으면 그 논리가 맞는 것 같지만, 다른 견해를 접하면 '어, 그게 아닌 것 같네' 하는 경우가 많습니다. 다른 견해를 통해 그 견해가 충분히 타당성이 있고 논리적인지 검증해볼 수 있다는 것이지요.

하지만 '다른 견해' 앞에서 우리는 어떻던가요? 우리 사회에는 나 자신만 소중하다고 생각해서 벌어지는 일이 너무 많습니다. 나의 생각만이 옳다는 고집으로 세상을 판단하는 사람들은 또 얼마나 많던가요? 상대를 생각하지 않고 행동하는 일들 때문에 상처를 받는 사람들도 많습니다. 우리는 상대방과 그의 생각을 이해하기 위해서라도 소통을 해야 되고, 역지사지의 정신을 배워야 합니다. 대화는 일방적인 타격이 아니라 주고받는 캐치볼과 같음을, 타인을 의심하는 자신을 의심해보아야 함을 느껴야 하죠. 역지사지하는 태도가 바탕에 깔렸을 때 우리는 인터뷰어로서 목표를 단단히 하고, 글을 쓰고, 남들과 다른 것들을 마음껏 상상할 수 있을 겁니다.

오래전 친구와 술을 마시면서 록 그룹 레드 제플린(Led Zeppelin)의 음악을 듣다가 그룹 이름의 스펠링을 가지고 내기가 벌어졌습니다. 지금이야 스마트폰으로 간단하게 확인할 수 있겠지만, 그때는 그런 시절이 아니었습니다. 저는 'Led Zepplin'이라고 우겼고, 친구는 'Led Zeppelin'이라고 했죠. 저는 분한 마음에 "아니, 내가 레드 제플린의 정규 앨범을 1집부터 10집까지 다 가지고 있고, 4집 같은 경우는 너무 많이 들어서 새로 LP를 구입했을 정도인데 그걸 모를 수가 있어?"라고 소리를 지르고는 집으로 돌아왔습니다.

집에 오자마자 레드 제플린의 앨범을 꺼내 들었습니다. 세상에, 그 충격이란! 앨범에는 'e'가 선명히 새겨져 있었습니다. 가장 좋아하는 밴드라고 하고, 『월간 팝송』을 매달 모으면서 나름 록 매니아를 자처했는데, 그룹 이름을 스펠링조차 모르고 있었던 것입니다. 이 부끄러운 에피소드는 제 인생에 있어서 축복 같은 경험이었습니다. 제 자신을 의심해볼 필요가 있다는 걸 깨닫는 계기가 되었으니까요.

사람들은 자기 자신을 중심으로 생각하고, 자기 자신을 주인공에 놓는 경향이 있습니다. 그래서 자신에게 걸림돌이 되는 사람은 무조건적으로 악(惡)으로 보곤 합니다. 하지만 인터뷰어는 자기 자신의 선의를 끊임없이 의심하고 타인의 의도 역시 의심하되, 그 의도를 의심하는 자신의 태도도 의심해봐야 합니다. 인터뷰어에게는 역지사지의 자세와 자기 객관화가 더욱 중요한 것이죠. 남을 손가락질할 때 최소한 세 손가락은 나를 가리킨다는 것을 기억해야 합니다.

서울아산병원 정신건강의학과 임상 부교수 김병수는 《인물과

사상》 2005년 8월호에 기고한 「우리는 누구나 자신을 속이며 산다」라는 글을 통해 이렇게 말합니다.

"우리는 누구도 자기기만에서 벗어날 수 없다. 오히려 자신은 언제나 있는 그대로 진실만 말하며, (자기 자신을 포함해서) 누구도 속이지 않고 산다며 확고하게 믿을 때 문제가 생긴다. 나는 언제나 옳고, 내 행위는 언제나 정당하다는 확신에 차 있는 사람이 오히려 더 심각한 상황에 빠진다. 자기 확신이 강할수록 잘못을 인정하지 않을 가능성이 크기 때문이다. 자신에게는 선하고 고결한 동기밖에 없다고 자신을 설득하기 때문에, 누구의 말도 듣지 않게 된다. 자기가 자신을 속이고 있는지조차 모른 채 애꿎은 다른 사람만 탓하게 된다. 그러다 보면 자기 교정의 기회는 영영 사라져버리고 만다."

우리는 실제로 주변에서 확신에 찬 나머지 자기 교정의 기회를 영영 잃어버린 사람들을 많이 볼 수 있습니다. 그러나 진짜 인터뷰어로 자리 잡기 위해서는 나뿐만 아니라 다른 사람의 생각도 소중하다고 믿으며 상대를 존중해야 할 필요가 있습니다. 타인이 무조건 틀렸을 것이라 의심하는 자신을 의심해보는 것. 입장을 바꿔 바라보는 것. 그런 역지사지의 정신을 배워야 하지 않을까요?

프리드리히 니체는 "첫 번째 판단은 버려라. 그것은 시대가 내 몸을 통과한 것이다"라고 했습니다. 자신이 어떻게 그런 판단을 하게 되었는지 한 번 더 생각해보라는 뜻일 겁니다. 많은 사람들이 매체를 통해서 본 이야기들, 부모님 혹은 다른 사람들로 인해 형성된 생각을 자기 생각이라고 착각하고, 남들의 바람을 자기 욕망이라고 착각합니다. 그럴 때 한 번쯤은 이게 내 판단인가, 내 욕망인가 하는 것을 생각해보라는 거죠.

진중권 교수는 "하나의 시선을 취하면 그것으로 보이는 사회 문제가 있지만, 동시에 그로 인해 보지 못하게 되는 측면이 반드시 존재합니다. 그렇기 때문에 이념적 순결성이라는 것은 위험한 것입니다. 사람을 맹목에 빠뜨릴 수 있으니까요"라고 말합니다. 맹목에 빠지지 않기 위해서는 다른 시각, 다른 시선에서 볼 수 있어야 하는 것이며, 그러기 위해서는 자기 시각을 의심해볼 필요가 있습니다.

● **인터뷰이와의 관계를 유지하는 법**

수많은 자기 계발서에는 인맥을 잘 맺기 위한 방법, 관계를 개선하기 위한 방법들이 나와 있습니다. 그대로 따라하면 금세 황금 인맥이 구축되고, 세상은 나를 도와주기 위한 사람들로 가득 찰 것 같은데, 그렇게 많은 책을 읽어도 인간관계는 여전히 어렵습니다.

저도 인터뷰어인 만큼 앞으로 계속 인터뷰를 하기 위해서는 인터뷰이들과 잘 지내는 것이 필요합니다. 그런데 모든 사람과 지속적으로 좋은 관계를 유지하는 것은 어렵습니다. 관계가 나빠지지 않게 관리해야 하는 것이 중요함을 알면서도, 말 한마디로 10년 지기인 친구와 헤어지기도 합니다. 물론 그전에 쌓인 것들이 많아서겠지요. 하지만 결정적인 한 번의 격발을 참아내고, 아직 최악의 상황이 아니라면 적절한 타이밍에 상황을 좋게 만들 수도 있을 겁니다.

한국생산성본부 전문위원 최찬훈은 『관계 대화』에서 "대화를 잘하는 사람은 말 자체를 잘하는 사람이라기보다는 잘 참는 사람을 의미합니다. 어떤 사람의 숨은 인품을 미리 확인하기 위해서는 그 사람이 하고 싶은 말을 바로 하는 사람인지, 속에서 하고 싶은 욕구가 치밀고 올라와도 일단 한 번 억누를 수 있는 사람인지 꼭 보아야 합니다. 이것이야말로 품성을 여러모로 상징하는 표상입니다. 대부분의 경우, 남의 말을 듣는 것보다 자기 말을 하고 싶어 하기 때문입니다"라고 하면서 다음 네 가지 기준에 해당되는 사람이라면 사람들에게 상처를 줄 가능성이 크며, 상대적으로 인격 수양이 덜 된 사람일 개연성이 높다고 말합니다.

첫째, 서로가 말하고 싶어 하는 상황에서 상대가 먼저 말을 하게 배려하는가.

둘째, 상대에게 상처가 될 수 있는 비판을 할 때 충분한 숙고의 시간을 가지는가 아니면 바로 내뱉는가.

셋째, 말하는 속도가 지나치게 빠르지 않은가.

넷째, 상대의 말을 잘라먹지는 않는가.

인용한 네 가지 기준은 인터뷰어가 반드시 명심해야 할 덕목입니다. 이 항목들을 살피며 인터뷰이와의 관계 유지에 힘을 쏟는 것은 분명 중요한 일일 것입니다.

● **대화는 타격이 아니라 캐치볼이다**

우리는 아주 짧은 대화만으로 관계가 어색해지는 상황을 종종 경험합니다.

이토 아키라의 『호감을 주는 말의 힘』에는 회식 자리에서 '저기 간장 좀 집어줘'라는 말이 다양한 의미로 전달될 수 있다는 내용이 나옵니다.

"나는 간장을 건네받는 행위를 '대수롭지 않은 일'이라고 생각하고 있다.

나는 그 일을 해주는 것이 당연하다고 생각한다.

나는 당신을 '집어줘'라고 명령해도 좋은 상대라고 생각한다.

'집어주시지 않겠습니까?'라는 어법은 쓰지 않아도 괜찮을 정도로, 우리 관계는 친하다고 생각한다.

나는 당신이 간장을 기분 좋게 건네줄 정도로 나를 좋아한다고 생각한다."

이렇게 짧은 말도 관계에 따라 다르게 느껴지고, 해석될 수 있습니다. 그리고 상대방의 생각과 내 생각이 다를 수도 있고요. '간장 좀 집어줘'라는 짧은 말에 "당신이 가져가. 당신은 손이 없어? 발이 없어?"라고 말하는 순간 분위기는 급속도로 냉각되겠지요.

좋은 관계를 유지하기 위해서는 바로 받아치는 말을 하지 않는 인내심이 필요합니다. 대화는 상대방이 받기 좋게 공을 되돌려주는 캐치볼이지, 맞받아치는 타격이 아닙니다. 때문에 대화에서 가장 중요한 것은 상대방의 마음에 생채기를 낼 만한 여지가 있는 말을 하지 않는 것일 겁니다.

●   **불필요한 조언과 충고는 관계를 망친다**

적절치 못한 충고 때문에 인간관계가 깨지는 경우가 의외로 많습니다. 상대의 상황을 고려하지 않는 충고는 때로 폭력적이기까지 하며 인간관계에서 독이 됩니다. 그것은 본인의 독선에서 비롯되는 경우가 많은 듯합니다. 가족 관계든, 친구 관계든, 연인 관계든 '나는 너에게 충고할 자격이 있고, 충고해야 할 의무가 있어'라는 태도를 지닌 사람들이 있지요.

그런 충고의 결과는 불 보듯 뻔합니다. 충고하고자 하는 마음이 애정에서 비롯된 건지, 질투의 감정인지, 상대를 지배하고 싶은 마음이 앞서는 건 아닌지, 상대방을 폄하하는 오만한 마음이 한구석에 있는 건 아닌지, 곰곰이 생각해본 후 아무리 생각해봐도 상대방에 대한 애정에서 비롯된 것이라면 그때 어렵게 입을 열어야 합니다. 단 한 가지 전제 조건이 갖춰졌을 때에 한해서 말입니다. 상대방이 조언이나 충고를 요청할 때죠.

『절대 설득하지 마라』를 쓴 경영자 코칭 전문가 김종명은 "비록 상대방을 위로하고 도와주고 싶은 마음에 조언하고 충고하는 것이지만, 조언과 충고는 오히려 관계를 망친다. 상대방의 감정을 알아줄 때는 자신의 판단을 내려놓고, 상대방의 감정을 있는 그대로 알아줘야 한다. (…) 부탁받지 않은 조언과 충고는 비난이 될 수 있다. 나를 설득하려는 사람보다, 나를 이해하려는 사람에게 오히려 더 설득된다. 설득을 포기할 때 오히려 더 설득력이 생긴다"고 말합니다.

『알게 모르게, 모욕감』을 쓴 윌리엄 어빈은 "시간을 들여 예의 규범을 익힌 사람들이 자신의 성과에 뿌듯해하면서 무례하게 행동하는 사람들을 바로 고쳐주는 것이 온당하다고 생각하듯이, PC 규범을 익힌 사람들 역시 이를 익혔다는 사실에 뿌듯해하면서 정치적으로 올바르지 못한 언어를 구사하는 사람들을 자진하여 바로 고쳐주려 한다"고 지적합니다.

이처럼 대화에서 불필요한 조언과 충고를 피하고, 부득이한 경우 자신도 올챙이 적 시절이 있었다는 것을 기억하고 최대한 겸손하게 조언해야 합니다. '너, 그것도 모르고 바보 아냐?' 이런 태도는 관계를 망치는 지름길이겠지요.

첫 번째도 신뢰, 두 번째도 신뢰다

사람들은 인터뷰이를 섭외할 때 비결이 있냐고 묻습니다. 그럼 막연하게 이야기할 수밖에 없는데, "역시 상대방을 신뢰할 수 있어야 인터뷰에 응하겠다는 결심을 하지 않겠느냐"고 대답합니다. 인터뷰이 입장에서는 인터뷰를 한다고 큰 이득이 생기는 것도 아니고, 말 한 번 잘못하면 큰 곤욕을 치를 수도 있는 만큼 인터뷰어에 대한 신뢰는 가장 중요합니다.

인터뷰의 필요충분조건은 '섭외'입니다. 섭외가 되느냐, 안 되느냐 하는 것이 인터뷰 여부를 결정하지요. 그런데 일단 섭외가 된 다음부터는 인터뷰어가 거의 전권을 가지고 있다고 해도 과언이 아닙니다. 첫 질문부터 마지막 질문까지, 어떤 질문을 하고, 어떤 부분을 기록으로 남길 건지, 아니면 전체 맥락과는 상관없이 상대방의 말실수를 부각시킬 건지, 자기 프레임 안에 인터뷰이를 구겨 넣을 건지 결정할 수 있습니다. 인터뷰이가 대답을 안 할 수도 있지 않느냐고요? '대답을 안 했다'는 기록 자체가 '예스(YES)'라는 긍정의 의미가 될 수도 있습니다.

그렇기 때문에 인터뷰어는 인터뷰이에게 '저 사람은 기사를 가지고 장난치지 않는다'는 신뢰를 주는 것이 가장 중요합니다. 《뉴스타파》최승호 피디가 말한 언론인의 자세는 인터뷰어가 새겨들을 만한 이야기입니다.

"마지막에 방송이 나가기 직전까지 상대한테 이야기를 들으려고 노력해야 합니다. 신뢰라는 것은 한순간에 생기는 것이 아니거든요. 저널리스트에게 신뢰도는 생명과도 같기에 길게 보면서 쌓아가야 합니다. 특종을 하겠답시고, 순간적으로 사람을 현혹해서 자료를 얻고 그걸 근거로 보도하는 기자들은 오래 못 가요. (…) 개인적으로 해결하고 싶은 문제가 있어서 제보하는 사람도 있지만, 사회를 조금이라도 낫게 바꾸고자 하는 진정성이 있는 사람들도 있거든요. 그런 분들이 보람을 느끼도록 해줘야 합니다. 예를 들어서 개인정보 같은 것은 노출이 안 되도록 철저하게 보호를 해줘야 하고요. 우리의 경우 황우석 사태 때 제보자를 끝까지 보호했어요."

●　　　　　　**나쁜 점보다 좋은 점을 찾아 알리는 것이 더 좋은 전략**

"한때는 저도 어떤 책을 읽거나 영화를 볼 때마다 그 작품에서 가장 취약한 부분을 찾아대는 나쁜 버릇이 있었습니다. 90퍼센트 긍정하더라도 꼭 10퍼센트는 부정하는 것이 마치 지식인의 표상인 듯 말하고 행동하였지요. 그러나 약점 없는 삶이 없듯 약점 없는 작품이 어디 있겠습니까. 대가인 셰익스피어나 도스토옙스키, 발자크나 유진 오닐의 작품에서도 얼마든지 우리는 부족한 부분들을 집어낼 수 있습니다. 문득 그런 생각이 들었습니다. 이 한 줄의 문장을 짓기 위해 작가는 얼마나 오랫동안 고민하고 고민하고 또 고민했을까요. 그 고민의 나날을 가늠해보지 않고, 그냥 단순히 무엇무엇에 맞지 않다며 비판하는 것은 지나치다는 생각 말입니다. 그 후부터는 어떤 작품의 부족한 부분을 짚을 때는 정말 조심하고 몇 번 더 따져보게 되었습니다."

김탁환 작가의 말입니다. 책과 영화도 그런데 하물며 사람은 오죽하겠습니까? 좋은 인터뷰를 하기 위해서는 인간에 대한 애정이 바탕이 되어야 합니다. 우리는 흔히 상대방을 몰아붙여서 긴장감 있는 분위기를 자아내는 것을 좋은 인터뷰라고 생각합니다. 물론 그런 인터뷰의 효용도 있긴 하겠지요.

강준만 교수는 "칭찬보다는 비난이 쉽다"는 말을 한 적이 있습니다. 비난을 할 경우 그 사람이 나중에 잘 되면 비판 덕분이라고 할 수 있지만, 칭찬을 했을 경우 후에 그 사람이 잘못되면 함께 책임을 져야 할 수도 있다는 것이지요. 그러나 저는 비난보다는 그 사람의 좋은 점을 찾아내고 알리는 행위가 장기적으로는 더 좋은 전략이라고 봅니다. 故 신해철 씨도 "댄스 가수를 욕하는 에너지로 인디 진영을 키우는 것이 장기적으로 훨씬 더 바람직한 전략"이라고 했듯이 말입니다.

● **말 한마디가 10년의 관계를 무너뜨리기도 한다**

윌리엄 어빈의 『알게 모르게, 모욕감』에는 이런 말이 등장합니다.

"오케스트라의 호른 연주자가 관객들이 보는 앞에서 연주를 잘

못했다는 이유로 지휘자에게 뺨을 얻어맞았다고 해보자. 이런 경우 연주자가 느낄 육체적 고통은 정신적 고통에 비하면 아무 것도 아닐 것이다. 따귀의 아픔은 몇 초면 사라지지만 따귀로 인해 받은 가혹한 정신적 고통은 평생 지속될지도 모른다. 이렇게 모욕은 고통을 유발할 수 있다는 사실 때문에 인간관계에 막대한 파괴력을 미칠 수 있다. 10초 안에 가해진 열 마디의 모욕이 10년 동안 이어진 관계를 무너뜨릴 수 있다."

어느 기사를 보니 산부인과를 찾아간 환자에게 의사가 "도대체 어떤 남자들을 만나고 다니기에 이런 거예요? 어떻게 살아온 겁니까?"라고 말하는 경우도 있다고 합니다. 의사는 악의 없이 한 말일지 몰라도 환자에게는 크나큰 상처가 되는 말이 아닐 수 없습니다. 가까운 사이일수록 걱정을 한다는 이유로, 선의를 가장해서 자신의 편견을 담은 악담을 퍼붓는 경우가 많습니다. 그럴 경우 정말 수십 년의 관계가 무너질 수도 있습니다.

인터뷰에서도 그런 경우가 있을 수 있습니다. 사소한 모욕적인 말과 행동이 인터뷰를 그르칠 수 있습니다. 어떤 인터뷰어는 만나자마자 허락도 없이 자신의 질문지를 획 집어 가서는 '이 질문, 이 질문은 뺐으면 좋겠다'고 하는 인터뷰이에게 모욕감을 느꼈다고 합니다. 대답도 순조롭게 잘했고 부드러운 인상을 줬지만, 그 점 때문에 좋은 인상을 갖긴 어려웠다는 겁니다. 반대로 인터뷰어 역시 그 사람을 알고 싶다는 의욕이 지나쳐 상대가 아프게 느낄 만한 부분을 지나칠 정도로 집요하게 파고들거나 허락도 없이 다이어리 같은 사적인 영역을 촬영하는 경우 그 사람과의 관계는 형성되기도 전에 무너질 수 있습니다.

'말 한마디로 천 냥 빚을 갚는다'는 말도 있지만, '글로 진 빚은 만년을 간다'는 말도 있고, '칼은 두 개의 날이 있지만, 사람의 입에는 천 개의 날이 있다'는 베트남 속담도 있습니다. 그리고 '입술의 30초가 가슴의 30년'이라는 말도 있습니다. 저 역시 한 번만 참으면 될 말을 기어이 내뱉어 사람들에게 상처를 주고, 그들을 잃은 적이 많습니다. 그리고 그 말 자체는 잊었다고 해도 "사람들은 당신에게 들은 말을 잊을 것이다. 그들은 심지어 당신이 자신들에게 한 행동도 잊어버릴 것이다. 하지만 당신 때문에 경험한 감정은 절대 잊지 않는다"는 시인 마야 안젤루의 말처럼 사람들은 저 때문에 경험한 감정을 절대 잊지 못할 것입니다. 한 사람으로서, 인터뷰어로서도 말 한마디 한마디를 조심해야 할 이유이지요.

● **자신의 명석함을 과시하지 말라**

실력이 없으면서 허세를 떠는 경우도 경계해야 합니다. 야구 선수 박찬호를 찾아가 인터뷰를 하면서 자신이 야구에 대해 얼마나 잘 알고 있는지를 떠벌리느라 베이스 간의 거리가 몇 미터이며, 로진백의 성분이 무엇으로 이루어져 있는지 아느냐고 자신의 야구 지식을 과시하는 꼴입니다.

미국 ABC 방송 〈나이트라인〉 진행자 테드 코펠은 "인터뷰 담당자 중에서 가장 형편없는 경우는 자신의 명석함을 과시하려는 사람들이다"라고 했습니다. 과연 그런 사람에게 인터뷰이가 무슨 말을 할 수 있을까요? 인터뷰이에게 신뢰감을 주고 싶다면 그 사람이 자신의 인생 경기에 대해 흐뭇한 표정으로 회고할 때 조용히 "저도 그 경기를 봤어요. 그때 몇 회에 던졌던 그 결정구가 압권이었죠"라고 말하는 게 좋겠지요. 물론 기본적으로 인터뷰이에 대한 애정이나 지식이 바탕이 되어야 합니다. 괜한 거짓말은 '이 사람에게 이런 이야기를 해도 되나?' 하는 의구심만 증폭시킬 테니까요.

앞서 이야기한 것을 다시 한 번 강조하자면, 인터뷰에서 가장 큰 힘은 상대방의 신뢰를 얻는 것입니다. 그리고 신뢰를 얻기 위해서는 그 사람을 알기 위해서 노력하는 것밖에 없습니다. 제게 뛰어난 재능은 없지만, 그래도 꾸준히 노력하는 재능은 있는 것 같아 다행입니다.

●　　　　　　　　　　　　　　　　**남들과는 다른 것을 상상하라**

인터뷰어는 기본적으로 남의 이야기를 잘 듣고 이해하는 능력이 필요하다고 앞서 강조한 바 있습니다. 또 조금이라도 기본 지식을 갖고 인터뷰이를 만나는 것도 중요하죠. 야구 선수를 인터뷰할 때는 야구에 대한 배경지식을 알아야만 깊은 이야기를 끌어낼 수 있을 것이고, 정치인을 만난다면 한국의 정치 상황에 대한 기본적인 이해가 필요하기 때문입니다. 그렇지 않으면 실질적인 속 깊은 이야기를 끌어내기 힘듭니다. 사실 이런 것들은 현실적이고 이성적인 이야기인지도 모르겠습니다. 인터뷰는 사람을 만나 대화하는 것이기 때문에 감성적인 코드도 갖추어야 합니다. 상상력도 굉장히 중요하고요.

2002년 대선이 끝나고 《한겨레》 안수찬 기자에게 인터뷰 요청 메일을 보냈을 때 "내가 인터뷰 대상이 될 줄은 생각도 못했다"라는 답장을 받았습니다. 2002년 대선 승리에 감격하고 있었을 당시 한나라당을 직접 출입하고 있는 《한겨레》 기자에게 한나라당 상황을 알아보는 것이 의미가 있겠다 싶었고, 새로운 내용도 알 수 있지 않을까 싶어서 이 인터뷰를 추진했습니다. 논객은 신문에 나온 가공된 팩트를 가지고 정치적 견해를 밝히고 논평을 하는 것이지만 현장에 있는 기자는 남다른 견해를 가지고 있을 것이라고 생각했습니다. 기사 반응도 좋았고 여러모로 의미 있는 인터뷰였습니다. 사실 모든 매체가 보여주는 것은 거의 비슷합니다. 그러니 '이 사람은 이런 쪽에도 관심이 있지 않을까' 한 번쯤 다르게 생각해보고, 다른 질문을 던져보는 것이 중요합니다.

2011년 서울시장 보궐선거 당시 안철수 서울대 융합과학기술대학원장이 박원순 변호사에게 시장 후보를 양보하는 기자회견이 있었습니다. 기자회견이 끝나고 모든 카메라가 안철수 원장을 쫓는 순간, 오히려 박원순 변호사에게 집중했다면 낙종을 했다고 혼났을지는 몰라도 색다른 기사가 만들어졌을 수도 있습니다. 인터뷰어에게는 이런 상상력이 필요합니다.

● **남성 인터뷰어에게 필요한 것은 수다**

가르치려는 태도는 관계에 있어서 독이 되는 경우가 많습니다. 대개 여자들보다는 남자들이, 나이가 어린 경우보다는 나이든 경우에 그런 태도를 보이는 경향을 보입니다. 지하철이나 버스에서 충고를 못해 안달인 듯한 남성 어르신들을 종종 만납니다. 그래서 '개저씨'나

'꼰대'라는 모욕적인 표현도 나오는 것이겠지요. 영화 〈이층의 악당〉에서는 여주인공 연주(김혜수 분)가 이런 말을 내뱉기도 합니다. "한국 아저씨들은 일정 나이 지나면 충고 자격증이라도 받나?"

하지만 그렇게 가르치려 하거나 충고하는 것이 몸에 배어 있는 경우, 인터뷰어로서는 결정적인 결격 사유가 될 겁니다. 그런 태도는 자신도 모르게 나오는 법이니까요. 그래서 좋은 인터뷰어는 상대적으로 여성이 많은 것 같습니다.

앞서 소개한 『질문이 답을 바꾼다』에는 흥미로운 이야기가 나옵니다. 한 여성이 19세기 영국의 총리를 역임했던 대표적인 두 정치가, 글래드스턴과 디즈레일리와 한 달 동안 각각 저녁 식사를 한 후 두 사람이 어떻게 다르냐는 질문에 이렇게 답합니다.

"글래드스턴과 식사를 하고 나서는 그가 영국에서 가장 똑똑한 사람이라는 인상을 받았다. 그리고 디즈레일리와 식사를 하고 나서는 '내'가 영국에서 가장 똑똑한 사람이 된 듯한 기분을 느꼈다!"

그녀는 아마도 둘 중 한 사람과 다시 식사를 해야 한다면 디즈레일리를 택했겠지요. 조금 거칠게 말하면 글래드스턴은 '구라'의 방식으로, 디즈레일리는 '수다'의 방식으로 말한 것 같습니다. 인터뷰어도 마찬가지입니다. 자신이 똑똑하다는 인상을 심어주는 것보다는 상대방이 똑똑한 사람이 된 듯한 기분을 느끼게 해주는 것이 좋겠지요. 함께 수다를 떠는 시간을 통해서요.

흔히 '수다'라고 하면 부정적인 이미지가 먼저 떠오릅니다. 세상이 많이 달라지긴 했지만, 아직도 여자 셋이 모이면 접시가 깨진다는 식으로 수다를 부정적으로 묘사하기도 합니다. 또 남자가 말이 많으면 점잖지 못하다며 남자의 미덕은 과묵함이라고 말하기도 합니다. 과묵함과 수다스러움은 다른 개성인 것이지, 어느 것이 옳고, 어느 것이 그른 것이 아닐 텐데 말입니다.

문화평론가 서동진은 "여성들은 남성들에 비해 누구를 만나도 쉽게 친밀감을 이끌어내는 기술자들이다. 이제 남성들도 수다를 통해 그런 기술들을 배우고 있는 중"이라고 말한 적이 있고, 문화평론가 김수기는 "수다는 '말을 많이 해 속내를 드러내는 것'으로 정의하고, 구라에 대해서는 '표현을 과장해 속내를 드러내는 것'"이라고 말하고 있습니다. 이처럼 '수다'는 속내를 솔직하게 보여주는 것이자 상대방에 공감하고 사람 사이에 친밀감을 형성하는 기술입니다.

남성은 여전히 '구라'의 방식으로 많이 소통합니다. 말만 꺼내면 '내가 옛날엔……', '지금 하는 일이 앞으로는……', '내가 군대에 있을 때……' 이런 식으로 과장해서 말하는 방식에 익숙합니다. 말을 많이 해서 자신의 속내를 드러내기보다는 과장해서 자신을 표현하고 싶어 하는 것이죠.

'구라'는 상대방을 자기 자신보다 낮추어 보고 그에게 자신의 강한 모습을 보여주고자 하는 방식이지만, 수다는 수평적인 관계에서 자기 자신의 솔직한 모습을 보여주는 의사전달 방식입니다. 이제 남자들도 '구라'가 아니라 '수다'를 떨어야 하지 않을까요? 남성 인터뷰어에게 필요한 것 또한 '수다'입니다.

● **글은 과연 배울 수 있는 것인가**

김탁환 작가의 『천년습작』에는 이런 이야기가 나옵니다.

"릴케가 로댕이란 작가의 방으로 들어갔습니다. 들어간 이유는 중요하지 않지요. 로댕이 작업하는 동안, 릴케가 홀로 그를 온종일 지켜보고 있었다는 것. 그리고 스승의 작업을 보면서 무엇인가를 배웠다는 것. 그 배움을 바탕으로 릴케의 시가 달라졌다는 것. 한 사람은 돌을 쪼고 한 사람은 돌을 쪼는 스승의 손놀림을 주의 깊게 바라보는 그곳이 바로 큰 배움이 일어난 곳이 아니겠는지요. 예술 쪽에서 오래된 질문 하나를 던져볼까 합니다. '예술은 과연 가르칠 수 있고 배울 수 있는 것일까?' 저는 가르칠 수 있고 배울 수 있다고 생각합니다. 무엇을? 사람들은 특히 테크닉이나 지식 따위를 가르치고 배운다고 여기겠지만, 테크닉이나 지식을 익힌다고 예술을 할 수는 없습니다. 돌을 쪼는 방식(요즈음은 이런 것까지 각도와 힘의 세기를 측정하지만)을 익힌다고 조각가가 될 수 없고, 지금까지 나온 조각들을 많이 본다고 해서 조각가가 되는 것도 아닙니다. 테크닉과 지식은 예술가의 작업과 하등 상관이 없습니다. 그렇다면 무엇을? 저는 자세를 가르치고 배운다고 생각합니다. 예술을 하는 자의 자세이지요. 이때의 자세는 단순한 마음가짐을 뜻하는 것이 아닙니다. 자세는 정신과 육체가 집중되어 예술 작품을 만들어내기에 가장 적합한 상태입니다."

암묵지의 중요성과 그 전수의 어려움을 이야기하는 중요한 이야기입니다. 모든 일이 다 똑같은 것 같습니다. 영화감독이라면 배우와 스태프를 대하는 태도, 영화를 대하는 태도가 기술적인 부분보다 훨씬 중요할 겁니다. 인터뷰 역시 글을 쓰는 기술을 습득하는 것보다 인터뷰이를 대하는 태도와 인터뷰 자체를 대하는 태도를 갖추는 것이 더 중요합니다.

용어를 규정하고 사용하는 방식이 한 사람의 본질을 보여주기도 합니다. 강준만 교수의 『글쓰기의 즐거움』이라는 책을 보면 조지 오웰이 말한 '더블스피크(doublespeak)'라는 개념이 등장합니다. 조지 오웰은 『1984』에서 가치 체계를 오도하는 말장난을 가리켜 더블스피크라고 불렀습니다. 이후 미국영어교사협회는 애매모호하고, 핵심을 벗어나며, 사안의 본질을 흐리는 언어를 탁월하게 구사한 사람이나 단체에게 더블스피크 상을 수여했는데요. 1974년에 제정된 이 상의 첫 수상자는 캄보디아 주재 미국 공군 공보담당관이었던 데이비드 오퍼 대령이었는데, 그는 기자들에게 "여러분은 계속 폭격이라고 쓰는데 폭격이 아니라 공중지원"이라고 말했다고 하지요. 또 그간의 걸출한 수상작을 살펴보면 미국 국무부가 세계인권현황보고서에서 '살해'를 '불법적이거나 자의적인 생명의 박탈'로 표현한 것이 있고, 미국 국방부가 '민간인 사상자'를 '부수적인 손실'로 표현한 것 등이 있습니다. 1차 걸프전 당시 미국 국방부는 '폭격'을 '목표물에 대한 서비스'로, 폭격의 표적이 된 인간과 건물을 각각 '부드러운 목표물', '딱딱한 목표물'로 표현해 이 상을 받았습니다. 이 밖에도 ABC 방송에서 미국 중앙정보국이 비밀 포로수용소에서 테러용의자들에게 사용해온 여섯 가지 고문 기술을 폭로하자, 중앙정보국장 포터 고스는 '고문' 사실을 부인하면서도 '정보 획득을 위한 특이한 방법'을 사용했다고 말했고, 미국 정부는 '고문' 대신 '공격적 심문'이라는 표현을 만들어냈다고 합니다.

케네스 버크는 "정치언어는 뭉툭한 것을 날카롭게 하고 아주 날카로운 것을 다소 뭉툭하게 한다"고 말했는데, '세금 폭탄', '노동의 유연성' 등 우리 정치인들과 기업인들 역시 더블스피크의 대가들이 아닐 수 없습니다. 미국 공화당 역시 부자들에게 부과되는 세금에 대해서 '고통'이라는 말을 사용합니다. 그래서 세금을 감면해주는 것에 대해서는 '세금 구제'라는 말로 호도하기도 하지요. 이런 말장난에 속지 않기 위해서는 어떻게 해야 할까요?

경제학자 장하준은 『장하준의 경제학 강의』에서 이렇게 이야기합니다.

"경제학은 정치적 논쟁이다. 과학이 아니고, 앞으로도 과학이될 수 없다. 경제학에는 정치적, 도덕적 판단으로부터 자유로운 상태에서 확립될 수 있는 객관적 진실이 존재하지 않는다. 따라서 경제학적 논쟁을 대할 때 우리는 다음과 같은 오래된 질문을 던져야 한다. 'Cui bono(누가 이득을 보는가)?' 로마의 정치인이자 유명한 웅변가였던 마르쿠스 톨리우스 키케로의 말이다."

그렇습니다. 누가 이득을 얻는지 자세히 살펴보면 되겠지요.

● **정규교육에서 배운 것을 의심하라**

아인슈타인은 "정규교육 속에서 호기심이 살아남는다는 것은 일종의 기적이다"라고 했고, 미국의 사회 비평가 바버라 에런라이크는 『긍정의 배신』을 통해 "대학에서 배워야 하는 것은 긍정적 사고가아니라 '비판적' 사고다. 비판적 사고란 본질적으로 회의를 품는 것이다. 가장 훌륭한, 또 가장 성공할 학생은 잠깐 교수를 불편하게 하더라도 날카로운 질문을 제기하는 학생이다"라고 했습니다.

정규교육이 창의성을 죽이고, 비판적 사고를 마비시키는 것은 한국의 일만은 아닌가 봅니다. 예술가와 대담이 갖는 묘미에 대해 진중권 교수는 이렇게 말합니다.

"늙은 농부가 소중한 삶의 진리를 아무렇지도 않게 툭 던지듯이, 뛰어난 예술가들도 우리가 미처 생각하지 못했던 놀라운 진리를 아무렇지도 않게 툭 던져놓곤 하기 때문이다."

'늙은 농부가 소중한 삶의 진리를 아무렇지도 않게 툭 던지듯이' 그렇게 삶의 진리를 아무렇지도 않게 툭 던지는 고수들은 세상에 무궁무진하게 많습니다. 그런 대담한 사람들을 만나 삶의 지혜를 엿들을 수 있는 것, 인터뷰가 가진 힘이자 매력입니다.

● **목표를 세우고 공표하라**

금연 선언을 하게 되면 사람들이 무심코 건네는 "너, 담배 끊었다며"라는 말 때문에라도 담배를 피우고 싶은 욕망을 참는 효과가 있습니다. 이처럼 목표를 세우고 공표를 하면 더 노력하게 됩니다. 저는 글을 쓰기 시작할 무렵 "강준만, 진중권 선생처럼 되겠다"고 선언을 해서 주위의 비웃음을 샀습니다. 《딴지일보》가 생겼을 무렵에 그걸 보고 좌절했다가 "나도 노력하면 저만큼은 할 수 있겠다"고 해서 또 놀림을 받았죠. 그리고 어느 술자리에서는 "난 강준만 교수가 하는 치열한 문제 제기를 손석희 앵커의 방식으로 할 것이다. 몇 년 후에 난 그 두 사람과는 다른 세계를 개척하고, 세계에서 가장 존중받는 인터뷰 저널리스트 중 하나가 될 것이다"라는 과한 포부를 밝힌 적도 있습니다. 지금 생각해보면 얼굴이 화끈거리지만 남들의 비아냥댐 정도야 극복하겠다는 오기가 때로는 자신을 단련시키기도 합니다.

세계에서 피트 로즈 다음으로 가장 안타를 많이 친 야구선수 스즈키 이치로는 학생 시절 10할 타자가 되겠다는 말을 자주 했다고 합니다. 그는 "어린 시절 그런 무모한 목표가 있었기에 3할 타자가 될 수 있었다"고 말합니다.

제가 여기까지 온 것만 해도 기적에 가까운 일이라고 생각합니다. 기적이 한 번 일어났다면 그것이 두 번 일어나지 말라는 법은 없겠지요. 의지, 실력, 운 중에서 가장 중요한 것은 의지라고 생각합니다. 실력은 노력으로 커버할 수도 있을 것이고, 운 역시 의지를 가지고 계속 뭔가를 하는 사람에게 따르는 것일 테니까요.

앤드루 소벨과 제럴드 파나스는 『질문이 답을 바꾼다』에서 자신의 사망 기사를 작성해보라고 권합니다. "사망 기사의 내용을 상상해보면 앞으로의 삶의 계획을 세우는 데 도움이 된다. 당신에게 가장 중요한 것, 당신이 정말로 좋아하는 것을 뚜렷하게 깨달을 수 있다. 지금 쓰는 사망 기사는 앞으로 당신이 내릴 결정들을 선명하게 부각시켜준다." 그리고 그들은 또 하나의 강력한 질문을 스스로에게 해보라고 권합니다.

"당신에게 살아갈 시간이 3년밖에 남지 않았다면, 개인적으로 그리고 직업적으로 무엇을 이루고 싶습니까?"

PART **9**

고마운 사람들,
기억에 남는 인터뷰이

▶

《대학내일》에 실린 인터뷰에서 만화가 최규석은 만화가가 되기 위한 조건으로 "미래에 대한 둔감함, 낙관적 태도, 근거 없는 자기 확신", 이 세 가지를 꼽았습니다. 탁월한 통찰이 아닐 수 없습니다. 미래에 대해 예민하게 생각하면 불안한 미래를 도저히 선택할 수 없을 것이고, 나는 결국 살아남을 것이라는 낙관적 태도 없이는 무엇이든 이루기 힘들 겁니다. 그리고 가장 중요한 '근거 없는 자기 확신'이 없다면 불안한 미래와 불안정한 현재 상황을 어떻게 버텨낼 수 있을까요? 단, 이건 성공과는 별개의 문제입니다. 그 세 가지를 가졌지만 인생이 꼭 뜻대로 풀리는 것은 아닐 테니 말이지요. 저 역시 이 세 가지 태도로 버텨왔던 것 같습니다. '녹음기', '속기사'라는 말부터 "도대체 하는 일이 뭐냐", "너처럼 글 쓰는 사람이 100만 명은 되겠다. 문장이 안 돼서 책을 못 내주겠다"라는 말을 들으면서도 '나는 문장보다 더 중요한 게 있다고 믿는다'라는 객기로 버텨왔고, 막연하게나마 '계속 하다 보면 뭐라도 되겠지' 싶은 근거 없는 확신도 있었던 것 같습니다. 제가 인터뷰어로의 삶을 버텨오던 그 시간 동안, 고마운 사람들도 있었고 유독 기억에 남는 인터뷰이들도 있었습니다.

매일같이 일기장이나 인터넷 게시판에 글을 쓰며 살아왔지만, 글 쓰는 것을 직업으로 삼으리라는 생각은 30대 초반까지 해본 적이 없습니다. 하지만 저는 지금 '글 쓰는 지승호'를 업으로 살아가고 있습니다. 그 과정에서 감사한 분들이 있었기에 이 지면을 빌려 감사 인사를 전해보려 합니다.

먼저 《핫윈드》 편집장이었던 이동수 씨. 어느 날 술자리에서 세상에 대한 울분을 토로하던 제게 그가 말했습니다. "형, 칼럼을 써봐요." "내가 무슨 재주로?" "그냥 지금 말한 걸 그대로 쓰면 되잖아." 그렇게 시작된 글쓰기 덕분에 PC통신, 인터넷에서 오프라인 지면에도 글을 쓸 수 있었습니다. 그때 여러 가지로 마음을 써준 잡지사 박광행 대표에게도 감사한 마음을 늘 가지고 있습니다.

그다음은 2000년대 초반 《인터넷 한겨레》 하니리포터 편집장이었던 백종호 씨. 실험적 매체였기 때문에 글을 편하게 쓸 수 있었던 것 같습니다. 당시 저는 칼럼을 자주 올리는 필자였고, 한 여중생 사망 사건을 취재하면서 인터뷰라는 것을 처음 시작하게 된 후 '10대도 사람이다', '민주당 국민경선 취재단' 등을 맡아 일하면서 그전에 해보지 못했던 여러 가지 경험을 할 수 있었습니다. 그로 인해 여성 주간 신문 《우먼타임즈》에도 다닐 수 있었지요. 직업 기자 생활을 했던 경험은 글쓰기에 큰 도움이 됐습니다.

진중권 선생에게도 감사한 마음이 큽니다. 2002년 첫 책을 낸 후 그다음 행보를 기약할 수 없던 시절, 김규항 선생이 나가 공백이 된 《아웃사이더》 인터뷰어로 저를 추천해주셨습니다. 그 인연으로 임성환 대표를 만나 『아웃사이더』에서 책을 두어 권 더 낼 수 있었고요. 그때 "한국에서 10년만 버티면 자리 잡을 수 있다"고 넌지시 건넨 말이 지금껏 저를 버티게 해준 힘이 되었습니다.

그리고 김규항 선생. 문장에 관한 악평에 시달리며 눈물로 밤을 지새우던 시절, 그 상황을 단번에 정리하게끔 정신이 드는 이야기를 해주셨습니다. "인문주의자와 저널리스트의 문장에 대한 태도는 다르게 봐야 하며, 그런 관점에서 보면 지승호의 문장이 그렇게 뒤떨어지는 게 아니다." 문장 하면 떠올릴 만한 분의 말에 사람들도 제 글을 조금 달리 보게 됐고, 제 마음도 조금은 편해졌습니다. 인터넷 논객에게 새로운 장을 열어준 태초의 논객, 끊임없는 집필로 늘 영감을 주시는 강준만 선생도 잊을 수 없습니다. 이뿐이겠습니까? 글 쓰는 지승호를 있게 한 고마운 분들은 더 많겠지요.

●   「감독, 열정을 말하다」 그리고 영화감독 김지운

인터뷰에 관한 45권의 책을 낸 지금도 여전히 불안정하고, 이 일을 계속 해야 할지 말아야 할지 고민하는 날도 있으니 10권의 인터뷰집을 냈던 그 시점에는 오죽했겠나 싶습니다. 인터뷰어로서 어느 정도 인정을 받고 나름 칭찬도 많이 받았지만, '전적으로 좌파 지성인에 기대서 날로 먹는 인터뷰'라는 일부의 공격과 시선들은 점점 저를 지치게 만들었습니다. 그래서 '그래, 다른 분야도 한번 해보자. 내가 좋아하는 영화감독들을 인터뷰해보겠다'고 여기저기 이야기하고 다녔습니다. 어느 날 수다 출판사 대표님은 재밌겠다며 한번 같이 해

보자고 하셨죠.

그런데 섭외가 문제였습니다. 제가 그럴듯한 매체에 속해 있는 것도 아니었고, 더군다나 영화 쪽에 인맥이 있는 것도 아니었습니다. 첫 인터뷰이는 출판사 대표의 사촌 동생이자 영화 〈간 큰 가족〉을 만든 故 조명남 감독이었습니다. 그다음 인터뷰를 하기 위해 서울아트시네마, 씨네코어 등 감독과의 대화가 있다는 곳은 모조리 찾아갔습니다. 사인을 받는 줄이 줄어들 때까지 몇 시간이고 기다렸다가 말한마디 건네지 못하고 집으로 돌아오는 일도 잦았습니다. 저희 집엔 미처 전하지 못한 여러 영화감독들의 이름이 적혀 있는 제 인터뷰집이 아직도 있습니다. 그러던 어느 날 서울아트시네마에서 구로사와 아키라 감독의 〈7인의 사무라이〉를 보다가 좌석 세 개 너머 옆자리에 김지운 감독이 앉아 있는 것을 발견했습니다. 영화가 끝난 후 어떻게든 말을 걸어보려고 감독님을 따라 서울극장 앞까지 갔다가 '스토커도 아니고 뭐 하는 짓인가' 싶어 포기한 적도 있었지요.

이후 류승완 감독의 관객과의 대화에 찾아갔다가 우연히 김지운 감독님을 발견하고 용기를 내어 제 책을 건넸습니다. "저는 이러이러한 일을 하는 사람입니다. 한번 읽어보시길 부탁드립니다. 메일 주소 알려주시면 제가 더 자세하게 말씀을 드리겠습니다." 집에 와서 장문의 메일을 보냈습니다. 피가 마르는 것 같이 초조하게 일주일을 보냈죠. 일주일이 지난 후에도 답장이 오지 않아 속상한 마음에 술을 마시고 '인터뷰를 하시는 것이 좋지 않을까요?'라는 약간의 협박과 읍소가 뒤섞인 메일을 다시 보내려고 보니 인터뷰에 응하겠다는 답장이 와 있었습니다. 만약 그 메일을 전송했더라면 일을 그르칠 수도 있었고 얼마나 부끄러웠을까를 생각하니 지금도 모골이 송

연합니다. 김지운 감독은 "의미 있는 일을 하는 것 같으니 친한 감독들의 섭외도 도와줄 수 있다"고 하셨습니다. 저는 류승완, 봉준호 감독의 섭외를 부탁드렸고, 그분들도 흔쾌히 인터뷰에 응해주셨지요. 봉준호 감독에게는 6개월 전쯤에 어느 GV 현장에서 제 인터뷰집을 전해드리기도 했습니다.

김지운 감독이 계시지 않았다면, 그 인터뷰집이 출간되지 못했거나 어쩌면 아주 오랜 시간이 걸렸을지도 모르겠습니다. 인터뷰를 위해 이미 한두 번씩 본 영화를 네다섯 번 다시 보고, DVD 코멘터리나 각종 텍스트 자료들도 빠짐없이 찾아보았습니다. 6개월 동안 몸무게가 7킬로그램이 줄 만큼 모든 것을 쏟아부었지요. 그리고 『감독, 열정을 말하다』가 만들어졌습니다.

그때 故 조명남 감독은 "너무 쟁쟁한 감독님들 인터뷰 사이에 제 인터뷰가 들어가는 것이 어색하다"며 당신의 인터뷰를 빼도 좋다고 말씀하셨지만 저는 약속은 지켜져야 하니 당연히 넣어야 한다고 했고, 그 인터뷰는 그대로 실렸습니다. 어떤 분들은 이 책이 각 인터뷰마다 균질하지 못해 투박하다고도 하지만 그 에너지 자체가 동력이 되는 매력적인 책이 아닐까 싶습니다.

〈1박2일〉, 〈삼시세끼〉 같은 프로그램으로 스타 피디가 된 나영석은 《한겨레》 '이진순의 열림' 인터뷰에서 이렇게 말합니다.

이진순(이하 이) – 이우정 작가가 어느 대담에서 당신을 두고 '만인의, 만인을 위한, 만인에 의한 편집을 하는 사회주의자'라고 얘기한 걸 읽었다. 편집 같은 경우엔 메인 피디의 주관과 일관성이 크게 좌우하는 분야 아닌가?

나영석(이하 나) – 뭐 얼마나 대단한 예술 작품을 한다고, 사람 무시하면서까지 그렇게 하나. 내가 반 고흐도 아닌데.(웃음) 우리 조연출 4명이 15분씩 편집해서 60분짜릴 만드는데, 누구 부분은 재미있고 누구는 재미가 없을 수 있다. 그러면 당연히 재미없는 부분을 자르는데, 둘째 주에 방송이 적게 나간 조연출이 또 재미없는 부분을 맡게 됐다 치자. 그래서 내가 그걸 또 잘라낸다면, 그 친구는 '아, 나는 쓸모없는 사람인가, 저 사람은 날 인정해주지 않는구나' 이렇게 생각할 거다. 나사 하나가 살짝 헐거워지는 건데 그렇게 생긴 작은 균열이 프로그램 전체를 잡아먹을 수도 있다.

이 – 재미없어도 그 친구 걸 내보내는 게 맞나?

나 – 재미없어도 다 내보낸다. 그게 궁극적으로 방송을 위해서도 좋은 일이다.

이 인터뷰를 보고 감동을 받았고, 제 선택이 틀리지 않았다는 생각을 했습니다. 『감독, 열정을 말하다』는 그런 의미에서 제게 다른 가능성을 볼 수 있는 힘을 준 책입니다. 그런 인터뷰집을 만들 수 있게 결정적으로 도움을 준 김지운 감독에게 정말 감사한 마음을 가지고 있습니다. 더군다나 그 당시 김지운 감독은 인터뷰를 거의 하지 않았던 분입니다. 인터뷰 대신 직접 쓴 제작 노트를 기고하는 방식으로 말을 대신하던 분이었는데, 제 인터뷰를 본인의 책 『김지운의 숏컷』에 넣어주시기도 했고, 영화 〈달콤한 인생〉의 블루레이에는 저와 인터뷰에서 나눴던 말을 인용하기도 하셔서 팬으로서 감격스러웠습니다.

"술꾼들이 현재의 무의미한 시간을 견딜 수가 없어서 술을 마시듯, 나 또한 현재의 무의미한 시간을 견딜 수가 없어서 영화를 만들고 있는 것 같았습니다. 술꾼들이 술친구들을 찾고 술을 마실 때 잠시나마 술을 통해 위로를 받는 것처럼 나 또한 영화친구들을 찾고 영화를 보거나 만들 때 영화에서 위로를 받고, 그 견딜 수 없는 무의미함 속에서 구원을 받는다고 생각했습니다. 그러니까 내가 영화로 성공해서 부자가 된다거나 명성을 얻는다거나 이런 것은 행복과 하등 관계가 없다는 것을 알게 되었습니다. 살면서, 내가 아름다운 것을 보면서 좋아진 것들이 분명히 있었고 그렇다면 나도 언젠가 세상에 어떤 아름다운 것을 하나 남겨두고 가야 되지 않을까, 이런 생각을 갖게 되었습니다." – 김지운 감독 인터뷰 중에서

●   **문제적 인물, 김어준**

저에게 선택권을 주고 '딱 한 명만 인터뷰를 해야 한다면 누굴 택하겠는가'라고 묻는다면 '재미'라는 측면에서는 무조건《딴지일보》김어준 총수을 택할 것 같습니다. 다음카카오 뉴스펀딩에 연재를 할 무렵에도 지난 인터뷰 중에서 가장 재미있었던 인터뷰로 2009년에 했던 김어준과의 대화를 선정해서 보여드린 바가 있지요. 어떤 주제든 간에 김어준만의 독특한 방식으로 해석해서 들려주는 견해가 저한테는 그렇게 재미있을 수가 없었습니다. 김어준 총수와는《딴지일보》시절부터 정기적으로 2년에 한 번 정도 인터뷰를 했습니다.

《오마이뉴스》대표 오연호가 묻고 조국 교수가 답한『진보집권

플랜』을 읽고 텍스트적인 재미가 부족하다는 생각이 들어 김어준에게 인터뷰를 제안했습니다. 진보개혁 진영이 왜 국민들의 마음을 사는데 실패했는지, 이명박 정부가 왜 들어섰는지, 이걸 극복하려면 어떻게 해야 되는지에 대한 그만의 생각이 궁금했습니다. 정책도 중요하지만 그 정책을 운영하는 것은 사람이니까 사람을 제대로 분석하지 않고 정치를 이해하기 어렵겠다고 생각했습니다.

김어준 총수는 《딴지일보》 시절부터 많은 정치인들을 인터뷰했고, 라디오 시사 프로그램을 수년간 진행했으며, 《인터넷 한겨레》에서 시사 관련 인터넷 방송인 〈김어준의 뉴욕타임스〉를 2년간 진행하고 있었던 만큼 현실 정치 상황에 대해 가장 직설적이고, 명쾌한 분석을 해줄 것이라고 판단했습니다. 그것도 대중이 가장 쉽게 알아들을 수 있게 말입니다. 그 결과물인 『닥치고 정치』는 그 판단이 정확했다는 것을 입증해주었습니다. 인터뷰를 진행하며 김어준의 무학(無學)의 통찰을 실감할 수 있었습니다. 그가 사람들의 마음을 풀어주는 살풀이 무당이나 과거의 경험을 바탕으로 미래를 정확하게 예측하는 족집게 무당 같다는 생각도 들었습니다. 쉽지 않은 내용을 쉽게 풀어내는 것은 쉬운 일이 아니지요. 출판사에서는 제목을 '우리가 배후다'로 정했는데, 김어준은 단칼에 "그게 뭐야? 책 제목은 '닥치고 정치'로 하자"고 했고 그걸로 제목이 결정되었죠. 이 또한 김어준 총수의 동물적 감각을 알 수 있는 에피소드가 아닌가 합니다.

당시 우석훈 박사는 자신의 블로그에 "요즘 김어준을 옆에서 보면, 놀기 좋아하고 발랄한 것 좋아하는 그가, 문득 순교자 같은 생각을 본인이 하고 있지 않나, 그런 느낌을 받았다"라는 글을 썼습니다. 그는 지금도 〈김어준의 파파이스〉라는 프로그램을 통해 세월호 사건과 관련된 의혹을 지속적으로 다루고 있습니다.

《딴지일보》와 〈나는 꼼수다〉를 통해 세상을 두 번이나 풍미했던 김어준 총수는 과거의 영광에 대한 미련 따위 없이 여전히 자기 자리를 지키고 있습니다. '김어준'이라는 인물을 이 시대는 여전히 필요로 할 것 같습니다.

● **결국 만나지 못한 그 남자, 故 최동원**

실수를 달고 사는 저는 수천수만 가지 부끄러운 기억들 때문에 힘들어하곤 합니다. 그렇게 무기력하고 자존감이 바닥을 칠 때면 문득 故 최동원 선수가 생각납니다. 한 번도 뵌 적이 없지만 그냥 동원이 형이라고 부르고 싶었지요. 12이닝을 던지고, 다음날 15이닝을 던져서 27이닝 완봉승을 기록했던 선수. 전성기를 지났다는 평을 듣고도 1984년 한국시리즈 1, 3, 5, 6, 7차전에 등판해 4승 신화를 이루며 우승을 거머쥔 선수일 뿐이었다면 이렇게 그립진 않았을 것 같아요.

제 가슴에 남은 최동원이라는 선수는 최고가 되기 위해 처절하게 몸부림을 쳤고, 그렇게 얻은 명성과 자존심을 자신을 위해서만 쓰지 않고 선수 생명을 걸고서라도 동료들을 위해 싸웠던 모습으로 기억됩니다.

최동원 선수는 삼성라이온즈로 트레이드 되면서 130킬로미터대의 평범한 공을 던지는 투수로 전락하고 바로 은퇴를 했지요. 아마 훈련 부족 때문만은 아니었을 겁니다. 지금도 노조라고 하면 치를 떠는 한국 사회인데, 군사정권 시절 프로야구 선수들이 노조가 연상되는 선수협의회를 만들겠다고 했으니 어떤 일이 벌어졌을까요? 충분히 상상할 수 있는 일이겠죠. 아마도 그때 일이 아니었다면 몇 년은 더 공을 던질 수 있었을 겁니다. 권력을 가진 사람들은 그를 길들이기 위해 "싸가지가 없다. 팀이 최동원에게 끌려다녀서는 안 된다. 아버지가 말도 안 되는 요구를 한다" 등의 언론 플레이를 했죠. 그는 팀을 위해 어제 완투를 하고, 그다음 날 또 등판을 하는 그런 사나이였는데 말입니다. 마운드에서는 냉정해 보이지만, 아픈 동료의 병원에 가서 몰래 계산을 하고 나오는 그런 사람이었는데 말입니다.

누군가 세상을 떠났다는 소식을 들어도 좀처럼 울지 않는 제가 동원이 형이 돌아가신 날에는 한참을 울고 트위터에 이렇게 썼지요. '한 번도 치사하거나 비겁하지 않았던 사나이.' 왜 제가 인터뷰를 요청할 용기를 못 냈는지 후회됩니다. 그러면 저뿐만 아니라 팬들도 야구선수 최동원에 대한 기억의 조각을 조금은 더 맞출 수 있었을 텐데 말이지요.

● **나의 영원한 우상, 故 신해철**

아직도 실감이 나지 않습니다. "사람들이 나에 대해 어떻게 말할까 궁금했어"라며 장난기 섞인 얼굴로 씩 웃으며 그가 다시 나타날 것만 같습니다. 누군가에게는 독설가로 알려져 있지만, 부당한 일에만 목소리를 높였을 뿐 누구보다 부드러운 남자였습니다. 〈이경규의 몰래 카메라〉에서 후배 가수들의 말도 안 되는 요구에도 언성을 높이지 않고, "사무실 들어가서 얘기하자. 너희들이 원하는 대로 다 해줄

게"라고 다독이던 그 모습 그대로입니다. 그는 언제나 조곤조곤 크지 않은 목소리로 남의 말을 다 듣고 난 후, 자신의 말을 조리 있게 정리하고 말했습니다.

그는 제가 만난 어떤 사람보다 대화를 할 줄 알고, 즐길 줄 알았던 사람입니다. 진중권 선생을 만나보고 싶은데, 쑥스러워서 만나자는 말을 못 하겠다고 자리를 좀 마련해달라고 하던 수줍은 사람이기도 했지요. 두 분이 만나서 닮은꼴을 만났다며 어린아이처럼 좋아했던 모습이 아직도 눈이 선합니다.

인터뷰를 마치고 사무실에서 멤버들과 음악을 들으며 신해철 씨가 좋아하는 코냑을 함께 마신 날도 오래오래 기억할 것 같습니다. 젊은 멤버들에게 "이 곡도 한번 들어봐" 하면서 곡에 대한 설명을 하는 모습이 자상하고 따뜻했습니다. 다양한 장르의 음악을 추천하는 것을 보고 그의 음악의 폭이 괜히 넓은 것이 아니었구나 싶었죠. 덕분에 눈앞에서 기타리스트 김세황의 즉흥 연주를 듣는 호사를 누리기도 했습니다. 한껏 흥이 올라 급기야는 합주실로 몰려가서 연주를 했지요. 딥 퍼플의 〈하이웨이 스타〉를 연주할 땐 제가 마이크를 잡았고요. 젊은 시절부터 우상이었던 밴드의 반주로 노래를 하는 경험은 아무나 할 수 있는 게 아니겠지요. 생각해 보니 저는 받기만 했던 것 같습니다. 정작 저는 아무 것도 드린 게 없네요.

언젠가 인터뷰에서 신해철 씨가 가수 김현식 선배를 우연히 마주쳤을 때 "해철아! 잘해라"라고 했던 말이 김현식 씨의 유언이 되었다는 말을 한 적이 있습니다. 신해철 씨에게 불의의 사고가 나기 두어 달 전 몇 년 만에 주고받은 문자가 그가 남긴 마지막 메시지가 되었습니다. 왜 찾아가서 밥 한 끼 먹자고 할 용기도 없었을까요? 늘 바쁘실 텐데, 내가 시간을 빼앗아도 되나 하는 생각만 했던 제 성격이 못내 아쉽습니다.

그를 떠나보낸 밤, 밤새 그의 음악을 들었습니다. 이렇게나 좋은 노래들을 남겨두셨구나, 그리고 이만큼 더 남겨두셨어야 하는데 싶은 생각에 울다 지쳐 잠들었습니다. 그리고 신해철이라는 사람이 어떤 사람이었는지 선명해졌습니다. 그곳에서 더 행복하길 바랍니다. 언젠가 다시 만나도, 다시 친구가 되기를 바랍니다.

"이전에 장시간 인터뷰를 몇 번 했어요. 지승호 씨는 신뢰로 열려 있는 인터뷰어죠. '저 양반이 사생활을 물어보는 이유는 어떤 필요에 의해서다' 그런 믿음이 있으니까 편하게 이야기했고, '저 인터뷰어가 나에게 와서 쥐어짜가려고 한다' 이런 경우는 긴장이 되니까 싫은 것이고. 대화잖아요, 인터뷰는."

고맙습니다. 이 말은 제가 인터뷰어로 받았던 최고의 선물이었습니다.

에필로그

인터뷰어를 전문적인 직종으로 분류하면, 아직은 대한민국에서 전문가가 없다고 생각합니다. 필드가 형성이 되어야 최고도 나오겠지요. 아직 맨땅에 헤딩하고 있는 상황이니까요. 1960년대 말 록의 전성기를 만든 지미 헨드릭스, 에릭 클랩튼, 제프 벡, 지미 페이지 등이 나올 수 있었던 것은 그 이전에 활동했던 흑인 블루스 기타리스트 선배들의 영향을 받았기 때문일 겁니다. 제 바람도 이것입니다. 뒤에 등장할 최고의 선수들이 저에게 조금이라도 긍정적인 영향을 받아 성장할 수 있다면 그것으로 족합니다. 제가 10년, 20년 이상 더 이일을 할 수 있다면 어쩌면 그들과 선수로서 선의의 경쟁을 할 수도 있겠지요.

"이론은 칫솔과 같다"는 말이 있습니다. 없으면 빌려 써야겠지만, 남의 것을 쓰면 뭔가 찜찜하다는 뜻이겠지요. 그래서 자신만의 무언가를 갖추는 것이 좋을 겁니다. 그런데 이 글을 쓰고 보니 제가 확실히 제 칫솔을 가지고 있는지 스스로에게 되묻게 되네요. 저만의 칫솔을 갖출 수 있도록 더 많이 공부해야겠다는 생각이 듭니다.

영화감독 장 뤽 고다르는 감독이 되고자 하는 사람에게 이렇게 말했습니다. "감독이 되고자 하는 사람에게 오늘날 내가 할 말은 아주 간단하다. 영화를 만들라."

지금까지 인터뷰에 대해 이야기해왔던 수많은 어려움에도 불구하고 인터뷰어가 되고자 하는 사람에게 제가 할 말은 이것밖에 없습니다. "인터뷰어가 되고자 한다면 일단 사람을 만나서 질문을 하고 그것을 기록하라."

제가 꽤 긴 시간 동안 인터뷰를 해올 수 있었던 이유는 구로사와 아키라 감독의 말을 빌리겠습니다. "내가 계속 영화를 했던 이유는 다음에는 좋은 영화를 만들 수 있겠다는 믿음 때문이었다." 다음 번에는 더 좋은 인터뷰를 할 수도 있겠다는 믿음. 이 책을 엮는 과정에서 저도 조금 더 성장했다고 믿습니다. 이 책이 여러분에게도 조금이나마 도움이 되기를 바랍니다.

이 책을 준비할 때 각별한 응원을 보내주신 아래의 분들께 특별히 감사한 마음을 전합니다.

강현수, 구도형, 김기석, 김도걸, 김만나, 김미조, 김병준, 김성우, 김수박, 김용미, 김재현, 김정환, 김충현, 김태용, 김현우, 김형구, 김혜경, 명승권, 박미숙, 박순찬, 박창우, 변유정, 빈재익, 안지미, 오남석, 우성란, 육윤수, 이경희, 이상영, 이성민, 이초영, 이현희, 임이준, 장영실, 장영해, 정주아, 조남수, 조인혜, 주성완, 최유진, 황영욱 님 감사합니다.

첫 번째 책을 낼 수 있도록 해준 프리챌 커뮤니티 시비걸기 회원들, 후원회를 만들어서 여러 도움을 준 웹진《서프라이즈》서프랑 사람들, 인사모(《인물과 사상》을 사랑하는 사람들의 모임) 새밀 전 회장님, 시대의창 김성실 대표님께 고맙고 미안한 마음을 전하고 싶습니다. 일일이 적지는 못했지만 제가 지금까지 인터뷰를 할 수 있게 도와준 모든 분들께 감사의 마음을 전하고 싶습니다. 제게 인터뷰에 관한 책을 내라며 용기를 북돋아주고 여러 가지로 도움을 주신 오픈하우스 정상우 대표님께도 감사합니다. 긴 시간 저보다 더 고통스러웠을 가족들에게 미안한 마음을 함께 전하고 싶습니다.

지승호 드림

참고 문헌

단행본

강준만, 『글쓰기의 즐거움』(인물과사상사, 2006)

고종석, 『고종석의 문장』(알마, 2014)

공지영, 『상처 없는 영혼』(오픈하우스, 2010)

공지영, 지승호, 『괜찮다, 다 괜찮다』(알마, 2008)

구본준, 『한국의 글쟁이들』(한겨레출판, 2008)

김두식, 김대식, 『공부 논쟁』(창비, 2014)

김명수, 『인터뷰 잘 만드는 사람』(중앙생활사, 2012)

김이나, 『김이나의 작사법』(문학동네, 2015)

김정운, 『에디톨로지』(21세기북스, 2014)

김종명, 『절대 설득하지 마라』(에디터, 2015)

김지운, 『김지운의 숏컷』(마음산책, 2006)

김창룡, 『인터뷰, 그 기술과 즐거움』(김영사, 1994)

김탁환, 『천년습작』(살림, 2009)

김혜리, 『그녀에게 말하다』(씨네21북스, 2008)

김혜리, 『진심의 탐닉』(씨네21북스, 2010)

나탈리 골드버그, 『뼛속까지 내려가서 써라』, 권경희 옮김(한문화, 2013)

노구치 사토시, 『순식간에 마음을 사로잡는 대화 습관』, 박재영 옮김(지식여행, 2015)

데일 카네기, 『성공대화론』, 베스트트랜스 옮김(더클래식, 2010)

데일 카네기, 『인간관계론』, 베스트트랜스 옮김(더클래식, 2010)

레이먼드 챈들러, 『나는 어떻게 글을 쓰게 되었나』, 안현주 옮김(북스피어, 2014)

로랑 티라르, 『거장의 노트를 훔치다』, 조동섭 옮김(나비장책, 2007)

로버트 치알디니, 노아 골드스타인, 스티브 마틴, 『설득의 심리학 3』, 황혜숙 옮김
  (21세기북스, 2015)

메리앤 커린치, 제임스 파일, 『질문의 힘』, 권오열 옮김(비즈니스북스, 2014)

바버라 에런라이크, 『긍정의 배신』, 전미영 옮김(부키, 2011)

박원순, 지승호, 『희망을 심다』(알마, 2009)

백영옥, 『다른 남자』(위즈덤경향, 2014)

산도르 마라이, 『열정』, 김인순 옮김(솔, 2001)

샘 혼, 『적을 만들지 않는 대화법』, 이상원 옮김(갈매나무, 2015)

서민, 『집 나간 책』(인물과사상사, 2015)

서민, 지승호, 『서민의 기생충 같은 이야기』(인물과사상사, 2014)

스티븐 킹, 『유혹하는 글쓰기』, 김진준 옮김(김영사, 2002)

신영복, 『감옥으로부터의 사색』(돌베개, 1998)

신해철, 『마왕 신해철』(문학동네, 2014)

신해철, 지승호, 『신해철의 쾌변독설』(부엔리브로, 2008)

아가와 사와코, 『듣는 힘』, 정미애 옮김(흐름출판, 2013)

알랭 드 보통, 『뉴스의 시대』, 최민우 옮김(문학동네, 2014)

앤드루 소벨, 제럴드 파나스, 『질문이 답을 바꾼다』, 안진환 옮김(어크로스, 2012)

옌스 쾬트겐, 『생각 발전소』, 도복선 옮김, 유헌식 감수(북로드, 2005)

오연호, 조국, 『진보집권플랜』(오마이북, 2010)

우석훈, 지승호, 『우석훈, 이제 무엇으로 희망을 말할 것인가』(시대의창, 2008)

윌리엄 어빈, 『알게 모르게, 모욕감』, 홍선영 옮김(마디, 2014)

이동진, 『이동진의 부메랑 인터뷰, 그 영화의 시간』(예담, 2014)

이만훈, 『말 한마디로 특종 잡는 인터뷰의 모든 것』(랜덤하우스코리아, 2007)

이명세, 채호기, 『주고, 받다』(꽃핀자리, 2015)

이상호, 지승호, 『이상호의 GO발뉴스』(동아시아, 2012)

이태준, 『문장강화』(창비, 2005)

이토 아키라, 『호감을 주는 말의 힘』, 장미화 옮김(행간, 2008)

장하준, 『장하준의 경제학 강의』(부키, 2014)

잭 후버, 딘 디긴스, 『(인터뷰 전문가 19인이 밝히는) 인터뷰 기법』(한국언론연구원, 1996)

정제원, 『작가처럼 써라』(인물과사상사, 2014)

지승호, 『7인 7색』(북라인, 2005)

지승호, 『감독, 열정을 말하다』(수다, 2006)

지승호, 『금지를 금지하라』(시대의창, 2006)

지승호, 『마주치다 눈뜨다』(그린비, 2004)

지승호, 『영화, 감독을 말하다』(수다, 2007)

지승호, 『지승호, 더 인터뷰』(비아북, 2015)

진중권, 『진중권이 만난 예술가의 비밀』(창비, 2015)

최규상, 『유머 손자병법』(작은씨앗, 2015)

최보식, 『최보식의 우리시대 사람산책』(생각의나무, 2002)

최승호, 지승호, 『정권이 아닌 약자의 편에 서라』(철수와영희, 2014)

최찬훈, 『관계 대화』(유노북스, 2015)

테드 윌리엄스, 『타격의 과학』, 김은식 옮김(이상, 2011)

파리 리뷰, 『작가란 무엇인가 2』, 김진아, 권승혁 옮김(다른, 2014)

편석환, 『나는 오늘부터 말을 하지 않기로 했다』(가디언, 2015)

표창원, 지승호, 『공범들의 도시』(김영사, 2013)

하워드 진, 『오만한 제국』, 이아정 옮김(당대, 2001)

황경신, 『나는 정말 그를 만난 것일까?』(소담, 1999)

황호택, 『황호택 기자가 만난 사람』(한나래, 2003)

잡지, 기사

「유시민과 김중혁 글쓰기를 말하다」, 《씨네21》 1003호

김병수, 「우리는 누구나 자신을 속이며 산다」, 월간 《인물과 사상》 2005년 8월호

김순천, 「인터뷰, 그것은 영적인 작업」(삶창)

박동희, 「'넥센이 무슨 프로팀이가?' 했던 롯데」, 〈박동희의 스포츠 춘추〉 2014년 11월 2일

정우영, 최규석, 《GQ》 올해의 남자 인터뷰, 2014년 12월호

허지웅, 지승호, 《필름 2.0》 인터뷰, 2007년 1월 26일

마음을 움직이는 인터뷰 특강

초판 1쇄 인쇄 2016년 3월 30일
초판 1쇄 발행 2016년 4월 5일

지은이   지승호
펴낸이   정상우
편집주간 정상준
편집   이민정 김민채 황유정
관리   김정숙
디자인   땡스북스 스튜디오

펴낸곳   오픈하우스
출판등록 2007년 11월 29일(제13–237호)
주소   서울시 마포구 동교로13길 34(121–896)
전화   02-333-3705
팩스   02-333-3745
홈페이지   www.openhousebooks.com
페이스북   facebook.com/openhouse.kr

          ISBN 979-11-86009-57-4 03300

「이 도서의 국립중앙도서관 출판예정도서목록(CIP)은
서지정보유통지원시스템 홈페이지(http://seoji.nl.go.kr)와
국가자료공동목록시스템(http://www.nl.go.kr/kolisnet)에서
이용하실 수 있습니다.(CIP제어번호: CIP2016007734)」